영적 거인들의 생의 마지막 아름다운 이야기

삶을 빛나게 죽음을 아름답게

안도현 지음

베다니출판사

삶을 빛나게
죽음을 아름답게

지은이 | 안도현

초판 1쇄 인쇄 | 2016. 11. 25
초판 1쇄 발행 | 2016. 12. 10

펴낸곳 | 베다니출판사
펴낸이 | 오생현
등록일 | 1992. 5. 6(제3-413호)

주소 | 서울시 송파구 새말로10길 18-1, 4층(우 05810)
전화 | (02) 448-9884~5
팩스 | (02) 6442-9884

홈페이지 | http://www.bethany.co.kr
E-mail | bethanyp@hanmail.net
북카페 | cafe.naver.com/bethanybooks

책값 10,000원

ISBN 978-89-5958-200-6 (03230)

• 이 도서의 국립중앙도서관 출판시도서목록(CIP)은 e-CIP 홈페이지(http://www.nl.go.kr/ecip)에서 이용하실 수 있습니다.(CIP제어번호: CIP2016028956)

Contents

삶을 빛나게

큰 홍수가 나면 물길이 바뀐다. 우리 인생도 그런 것 같다.

나는 몇 차례 죽음의 위기를 만나 삶과 죽음의 경계에 있었던 극적인 경험들을 했다. 그 중에 가장 심각했던 일은 폐암 선고를 받고 삶을 정리하면서 죽음의 위기에 처한 사람들의 절박한 심정을 이해할 수 있게 되었다. 이 죽음에 대한 직면이 나의 생각과 가치관, 그리고 인생의 흐름까지 바꾸어 놓았다.

죽음의 경험과 가치관의 변화, 그리고 죽음에 대한 생각들을 정리해서 책을 내려고 할 때 담당자는 제목을 보고서 깜짝 놀라는 표정을 지었다. '죽음'이라는 말이 들어가면 안 된다고 하면서 정색을 했다. 만약에 죽음이라는 말이 들어가면 출판하려고도 하지 않을 뿐더러, 책이 판매가 안 된다고 단호하게 말렸다.

이로 인해 책 제목을 정하는 문제로 많은 논의를 했지만, 나는 죽음에 대해 말해야 한다는 사명감을 가지고 결국 「죽음, 아름다운 은총」이라는 제목으로 책을 내어놓았다. 그 이후 「우울증, 죽음으로 향하는 다리」, 「웰다잉, 영원한 소망」, 「삶과 죽음 이야기」 등 죽음과 관련된 책들을 출간하면서 주변 사람들로부터 죽음이라는 단어를 삭제하라는 말을 많이 들었다.

이처럼 사람들은 죽음에 대한 언급을 아주 싫어한다. 그러나 누구도 부정할 수 없는 사실은 '사람은 죽는다'는 것이고, 죽음 이후에는 심판이 있다는 것이다(히 9:27). 누구도 내일 일을 자랑할 수 없다. 하루 동안에 무슨 일이 일어날는지 알 수 없기 때문이다(잠 27:1).

삶과 죽음은 동전의 양면과 같고, 죽음은 인간의 삶의 일부이다. 죽음은 인간에게 주어진 운명이다. 사람들이 외면하고 부정한다고 해서 죽음이 다가오지 않는 것이 아니다. 죽음은 누구에게나 예외 없이 반드시 온다. 순서가 없으며, 피할 수 없다. 죽음은 부지불식간에 다가오며, 늘 우리 곁에 있다.

우리는 죽음을 두려워하고 피하려 할 것이 아니다. 죽음에 대한 올바른 이해를 통해 세월을 아껴 의미 있는 삶을 살고 생의 마지막 순간을 품위 있게 맞이할 수 있어야 한다. 이 일을 위해 나는 강원도 오대산 끝자락에 위치한 '사랑이 있는 마을'에서 말기 환자들을 돌보고 있다.

웰다잉 강사로 활동하면서 서울의 어느 호스피스 봉사자 모임에서 성경 인물들의 죽음 준비에 대해 강의를 하게 된 것이 계기가 되어 아브라함, 이삭, 야곱, 모세, 여호수아, 다윗, 바울, 요한의 죽음을 집중적으로 살펴보게 되었다. 아무리 탁월했던 성경의 인물들이라도 그들의 삶을 돌아보면 어쩔 수 없이 한 인간이었음을 깨닫게 된다.

그러나 우리가 주목하고 본받아야 할 점이 있다. 그것은 그들 모두 죽음 준비가 되어 있었다는 것이다. 그러므로 그들은 생의 마지막을 아름답게 장식할 수 있었다. 예수님의 죽음은 성경의 다른 인물들과 비교할 수 없는 고차원의 수준으로써 예수님의 죽음은 웰다잉의 최고봉이다. 여러 영적 거인들의 삶의 여정과 생의 마지막 모습을 살펴보는 일은 우리의 남은 삶을 더욱 빛나게 해 줄 것이다.

'사랑이 있는 마을'에서

_ **안도현** 목사

Part 1

구약의 족장들

1. 아브라함 – 믿음의 개척자
2. 이삭 – 신앙을 물려주는 계승자
3. 야곱 – 변화된 나그네 인생

1

아브라함

– 믿음의 개척자

성경을 보면, 이스라엘 민족의 역사는 아브라함으로부터 시작되고 있다. 구약에서 하나님은 주로 '아브라함의 하나님'으로 불렸다. 신약의 첫 페이지에서 아브라함은 예수 그리스도의 계보에서 첫 자리를 차지하고 있다(마 1:1). 아브라함은 성경 곳곳에서 '믿음의 조상'(롬 4:11), '나의 벗 아브라함'(사 41:8), '하나님의 벗'(약 2:23) 등으로 일컬어졌다.

유다 왕 여호사밧이 모압, 암몬 등 주변 나라들과의 전쟁을 앞두고 하나님을 향하여 "우리 하나님이시여 전에 이 땅 주민을 주의 백성 이스라엘 앞에서 쫓아내시고 그 땅을 주께서 사랑하시는 아브라함의 자손에게 영원히 주지 아니하셨나이까"(대하 20:7)라고 기도했다. 여호사밧은 조상 아브라함을 '주께서 사랑하시는 아브라함'으로 기억하고 있었다.

아브라함도 연약한 인간이었기 때문에 실수와 허물들이 있었지만, 그럼에도 불구하고 하나님께 인정과 사랑을 받는 믿음의 삶을 살았고, 자손들에게 위대한 믿음의 유산을 물려주었다.

주목할 사실은, 아브라함이 죽음을 앞두고 자신이 이 땅을 떠난 이후에 일어날 수 있는 문제들을 사전에 정리함으로써 웰다잉의 모범을 보여 주었다는 점이다.

믿음의 조상

성경은 여러 곳에서 아브라함이 어떤 삶을 살았는지 반복해서 언급하고 있다. 바울은 로마서 4장에서 믿음이 무엇인가를 설명할 때 아브라함을 예로 들었고, 히브리서 기자도 히브리서 11장에서 믿음이 무엇인가를 설명하기 위해 아브라함을 소개하고 있다.

> "믿음으로 아브라함은 부르심을 받았을 때에 순종하여 장래의 유업으로 받을 땅에 나아갈새 갈 바를 알지 못하고 나아갔으며 믿음으로 그가 이방의 땅에 있는 것 같이 약속의 땅에 거류하여 동일한 약

속을 유업으로 함께 받은 이삭 및 야곱과 더불어 장막에 거하였으니 …… 아브라함은 시험을 받을 때에 믿음으로 이삭을 드렸으니 그는 약속들을 받은 자로되 그 외아들을 드렸느니라"(히 11:8-9, 17).

히브리서 기자는 아브라함에 대해 묘사할 때 '믿음으로'라는 말을 세 번 사용하여 그의 믿음을 설명하고 있다. 첫 번째는 갈 곳을 알지도 못한 채 부름에 순종한 일이고, 두 번째는 약속의 땅에 거한 일이고, 세 번째는 이삭을 제물로 드린 일이다. 이 모든 일은 믿음 때문에 가능한 일이었다.

믿음으로 부르심에 순종

하나님께서는 아브라함을 부르실 때 "너는 너의 고향과 친척과 아버지의 집을 떠나 내가 네게 보여줄 땅으로 가라"(창 12:1)고 하셨다. '보여줄 땅', 즉 가나안은 아브라함이 하나님께 부르심을 받았을 때에는 아직 밝혀지지 않은 미지의 땅이었다. 아브라함은 갈 바를 알지 못했지만 하나님의 지시에 따르겠다고 마음을 먹었다. 하나님의 말씀에 순종하기로 결심했다.

75세가 된 노인 아브라함이 이사 준비를 할 때 동네 사람들이 물었을 것이다.

"아브라함, 어디로 이사를 가려는 겁니까?"

"글쎄, 모르겠어. 하나님께서 떠나라고 말씀하셔서 떠나려 한다네."

아브라함의 말을 들은 마을 사람들이 아브라함에게 무슨 말을 했을까? 미쳤거나 정신 나갔다고 손가락질을 받았을 것이다. 아브라함은 결심하고서도 심한 갈등을 느꼈을 것이다. 모험할 수 있는 나이가 아니었기 때문이었다.

이성과 경험을 앞세우고, 합리적으로 생각했었다면 순종할 수 없는 일이었다. 그러나 아브라함은 하나님의 명령에 절대적으로 순종했다. 이것은 믿음의 조상으로서의 믿음의 출발이요, 믿음의 행위요, 믿음의 도전이었다. 아브라함은 믿음으로 부르심에 순종함으로써 인생의 대전환점을 맞이하게 되었다.

믿음이란 인간의 시각을 버리고, 하나님의 시각을 갖는 것이다. 사람의 눈으로 보면, 사람의 삶을 살 수밖에 없다. 그러나 하나님의 눈으로 보고 그것을 믿음으로 삼으면, 그것이 통로가 되어 하나님의 능력으로 살 수 있게 된다.

믿음으로 장막에 거함

아브라함은 약속의 땅 가나안에 와서 하나님께서 그 땅을 주시겠다고 말씀하셨음에도 불구하고 그 땅의 주인으로서 그 땅을 차지하려고 하지 않았다. 아브라함이 175세에 죽음을 맞이했으니(창 25:7) 그는 무려 100년 동안 장막에서 생활한 셈이다.

아브라함이 장막에 거한 이유는 무엇이었을까?

가난해서, 집을 지을 수 있는 능력이 없어서가 아니었다. 아브라함은 거부였다. 아브라함은 조카 롯이 가나안 전쟁에서 포로로 사로잡혔을 때 그가 집에서 기르고 훈련시킨 사병 318명을 데리고 가서 그를 찾아올 정도로 막강한 재력을 가지고 있었다. 그럼에도 불구하고 그는 장막에서 살았다. 아브라함이 장막에서 산 이유는 분명했다. 하나님이 계신 영원한 본향을 바라보았기 때문이었다. 이에 대해 히브리서에서는 "이는 그가 하나님이 계획하시고 지으실 터가 있는 성을 바랐음이라"(히 11:10)고 말씀하고 있다.

나그네는 잠시 머무는 곳에서 자신이 해야 할 일을 할 뿐 그곳에서 일어나는 일들로 인해 얽매이지 않는다. 시시각각으로 다가오는 일들이 슬픈 일이거나 기쁜 일이라도 거기에 마음을 빼앗기지 않는다. 나그네는 이리 저리 헤매는 방랑자가 아니다. 돌아가야 할 분명한 목적지가 있다. 아브라함의 인생길의 최종 목적지는 영원한 본향이었다.

미국 정부에서 인디언의 멸종을 막기 위해서 그랜드 캐년의 마지막 종착지에 인디언 집단 거주지를 만들었다. 인디언들은 이곳에서 미국 정부의 지원 아래 주택 및 일상생활에 불편 없이 아주 편리한 생활을 하게 되었다.

그러나 문제는 인디언들이 안락한 생활 속에서 게을러지고 말초적인 쾌락을 즐기며 살게 된 것이다. 그들은 거의 알코올 중독자가 되었고, 관광객들이 던져주는 동전에 '땡큐!'를 연발하는 관광 상품으로 전락해 버리고 말았다.

목표가 없는 삶은 그 의미와 가치를 상실하고 만다. 그러나 삶의 목적이 분명하고 고상할수록 사사로운 일에 마음 빼앗기거나 얽매이지 아니하고 앞만 바라보고 전진할 수 있다. 우리가 가야 할 길은 너무나도 분명하다. 믿음의 조상 아브라함이 본을 보여준 대로 우리도 순례의 길을 마치기까지 오직 믿음으로 살아야 한다.

믿음으로 이삭을 드림

하나님께서는 어느 날 아브라함에게 정말 이해할 수 없는 지시를 내리셨다. 그것은 100세에 얻은 아들, 이삭을 바치라는 것이었다. 이 명령은 하나님께서 아브라함을 부르실 때 주신 약속과 모순되는 것이고 잔인하기 그지없는 명령이셨다.

이 때 아브라함의 심정이 어떠했을까? 그의 심정을 이해하기 위해서 우리는 스스로에게 하나님께서 '나의 가장 소중한 것을 바치라'고 하신다면 어떻게 할 것인가를 생각해 볼 필요가 있다. 아브라함이 이삭을 바치는 일은 자신을 바치는 일이나 다를 바 없었다.

기질 연구가인 팀 라하이 박사는 "압력을 받고 있을 때 다혈질의 사람은 그릇된 방향으로 튀고, 우울질은 압력 밑에서 산산조각 나지만, 담즙질과 점액질은 어려움 속에서 더욱 빛이 난다"고 했다.

팀 라하이 박사의 분석에 의하면 베드로는 다혈질, 모세는 우울질, 바울은 담즙질, 아브라함은 점액질의 사람이다.

성경은 아브라함이 이삭을 바치라는 명령을 받았을 때의 심정을 묘사하지 않았다. 아브라함이 쉽게 동요하지 않고 침착하고 여유가 있는 점액질의 사람이라고 해도 100세에 얻은 독생자를 번제로 바치라는 명령을 받았을 때에는 그럴 수 없었을 것이다. 분명히 아브라함은 걷잡을 수 없는 혼돈 속에 빠졌고, 풍랑 속의 조각배처럼 마구 흔들렸을 것이다. 아브라함은 하나님의 말씀을 거부하고 싶었을 것이다.

그러나 그로 하여금 이 동요에서 벗어나게 한 것은 하나님께 대한 믿음이었다. 아브라함은 하나님께서 이삭을 통해 별과 같은 후손을 약속하셨기 때문에 하나님께서 다시 살리실 것을 믿었던 것이다(히 11:19). 바울도 로마서에서 믿음을 설명할 때 아브라함이 이삭을 바칠 수 있었던 이유는 그가 죽은 자를 살리시며 없는 것을 있는 것같이 부르시는 하나님을 믿었기 때문이라고 말씀하고 있다(롬 4:17-18).

모리아 산을 향하여 3일간의 여행을 하는 동안 아브라함과 동행했던 이삭은 죽은 상태나 다름이 없었다. 목적지에 도착해서 제단을 만들고 이삭을 죽이려고 칼을 드는 순간, 아브라함은 죽은 자를 살리시는 하나님을 체험했다.

"그 아이에게 네 손을 대지 말라 그에게 아무 일도 하지 말라 네가 네 아들 네 독자까지도 내게 아끼지 아니하였으니 내가 이제야 네가 하나님을 경외하는 줄을 아노라"(창 22:12).

주의 사자의 말씀은 이삭이 죽은 자 가운데서 살아날 것을 선언하는 말씀이었다. 이것은 하나님께서 예수님을 사흘 만에 다시 살리실 것을 보여주는 모형이다.

우리는 죽은 자를 살리시는 하나님을 믿어야 한다. 우리가 가져야 할 신앙은 부활 신앙이다. 부활은 기독교 신앙의 핵심이다. 바울은 "그리스도께서 만일 다시 살아나지 못하셨으면 우리가 전파하는 것도 헛것이요 또 너희 믿음도 헛것이며"(고전 15:14)라고 말한다.

성도들은 아브라함과 마찬가지로 선택받은 사람들이다. 성도들은 이미 약속으로 말미암아 하나님의 아들이 되었으며, 하나님께서는 우리들을 위하여 썩지 않고 더러워지지 않고 낡아지지 않는 분깃을 하늘에 간직해 두셨다(벧전 1:4).

바울은 "만일 그리스도 안에서 우리가 바라는 것이 다만 이 세상의 삶뿐이면 모든 사람 가운데 우리가 더욱 불쌍한 자이리라"(고전 15:19)고 했다. 만일 죽은 자가 다시 살지 못한다면, 우리도 "내일 죽을 터이니 먹고 마시자"(고전 15:32)라고 말하지 않겠는가?

그러나 죽은 자는 반드시 다시 살아난다. 하나님께서는 이미 예수님을 다시 살리셨다. 따라서 우리는 아브라함보다 훨씬 더 쉽게 죽은 자의 부활을 믿을 수 있는 것이다.

하나님의 벗으로서의 삶

성경에서 하나님과 가까이 지낸 사람은 많아도 '하나님의 벗'이라고 칭함을 받은 사람은 아브라함 밖에 없다. 피조물인 인간이 감히 하나님의 친구로 불릴 수 있다는 것은 참으로 엄청난 명예요 놀라운 특권이 아닐 수 없다. 아브라함이 하나님의 벗이 될 수 있었던 이유는 무엇이었을까?

선을 행함

서로에게 피해를 입히고 상처를 주어서는 친구가 될 수 없다. 친구 관계가 이루어지려면 서로를 위하고 서로에게 도움을 줄 수 있어야 한다. 서로를 위한 선한 행위는 친구의 기본 조건이다. 그래야 아름다운 교제가 이루어질 수 있다.

우리는 창세기 18장에서 아브라함이 나그네들을 환대(歡待)하는 모습을 볼 수 있다. 아브라함은 나그네를 정성껏 대접하며 그들과 교제했다. 아브라함의 우정은 낯선 이들에게 기꺼이 친절을 베푸는 것으로 빛이 났다. 놀랍게도 아브라함이 환대했던 그 나그네들은 하나님의 사자들이었다. 히브리서에서는 "손님 대접하기를 잊지 말라 이로써 부지중에 천사들을 대접한 이들이 있었느니라"(히 13:2)고 말씀하고 있다. 이 말씀은 아브라함을 두고 하는 말씀이다.

하나님은 종종 사람의 모습으로 우리 가운데 찾아오신다. 때로는 주린 자의 모습으로, 때로는 목마른 자의 모습으로, 때로는 나그네의 모습으로, 때로는 벗은 자의 모습으로, 때로는 병든 자의 모습으로, 때로는 옥에 갇힌 자의 모습으로 오신다. 예수님은 마태복음 25장에서 이 진리를 확실하게 가르쳐 주셨다.

의인들은 "주여 우리가 어느 때에 주께서 주리신 것을 보고 음식을 대접하였으며 목마르신 것을 보고 마시게 하였나이까 어느 때에 나그네 되신 것을 보고 영접하였으며 헐벗으신 것을 보고 옷 입혔나이까 어느 때에 병드신 것이나 옥에 갇히신 것을 보고 가서 뵈었나이까"(마 25:37-39)라고 물었다.

이 때 예수님은 "너희가 여기 내 형제 중에 지극히 작은 자 하나에게 한 것이 곧 내게 한 것이니라"(마 25:40)고 대답하셨다. 예수님은 작은 자와 자신을 동일시하셨다.

결국 우리가 작은 자를 위해 선을 행하는 일은 하나님을 대신하는 것이고, 우리가 선을 행하는 일은 하나님의 복을 쌓는 일이다. 선을 행하는 자는 하나님을 기쁘시게 하며, 하나님은 그 선을 기억하고 갚아주신다. "그는 종일토록 은혜를 베풀고 꾸어 주니 그의 자손이 복을 받는도다"(시 37:26).

하나님의 마음을 헤아림

친구의 조건은 나이나 환경이나 직업이 같아야 하는 것은 아니다. 나이가 좀 차이가 나고, 성장 배경이 다르고, 직업이 달라도 일단 서로의 생각과 사상과 뜻이 맞으면 친구가 될 수 있다.

조선조 성리학의 대가 퇴계 이황과 고봉 기대승이 서신 교환을 통해 사단칠정론을 논할 때 퇴계의 나이는 58세, 고봉은 26세였다. 퇴계는 70세로 세상을 떠날 때까지 13년 동안 지속적으로 서신을 주고받았다.

미국 제14대 대통령인 프랭클린 피어스는 「주홍 글씨」를 쓴 소설가 나다나엘 호손과 대학 친구였다. 한 사람은 정치가가 되었고, 한 사람은 소설가가 되었지만 서로 뜻이 통했기 때문에 피어스가 대통령이 된 후에도 그들은 역시 가장 절친한 친구였고, 세상을 떠나기까지 그들의 우정은 변함이 없었다.

아브라함이 하나님과 수준을 같이 할 수는 없었지만, 적어도 그는 하나님의 생각을 헤아릴 줄 알았다. 우리는 창세기 19장에서 소돔 성에 있는 조카 롯을 위하여 기도하는 아브라함을 보게 된다.

그 때 아브라함은 정말 담대한 기도를 드렸다. 아브라함은 하나님께서 의인과 악인을 무더기로 심판하지 아니하시는 하나님의 공의로운 속성을 알고 있었다. 그랬기 때문에 그는 하나님의 그 속성을 근거로 무려 여섯 번이나 조건을 내어놓고 하나님과 협상하듯 기도할 수 있었던 것이다.

하나님과 우리의 차이는 무엇일까? 하나님께서는 "이는 내 생각이 너희의 생각과 다르며 내 길은 너희의 길과 다름이니라 여호와의 말씀이니라 이는 하늘이 땅보다 높음 같이 내 길은 너희의 길보다 높으며 내 생각은 너희의 생각보다 높음이니라"(사 55:8-9)고 말씀하신다.

사람이 초월자이신 하나님의 생각을 헤아리기란 참으로 어려운 일이다. 그러나 변함이 없으시고(약 1:17), 거짓말 하지 않으시고, 하신 말씀은 반드시 행하시는(민 23:19) 하나님의 성품을 아는 사람은 담대하게 기도하고 오래도록 기다릴 수 있다.

하나님을 절대적으로 신뢰함

친구(親舊)의 친(親)자의 한자 구성을 보면 '나무 위에 서서 지켜봐 주는 것'이다. 그렇게 지켜보다가 내가 어렵고 힘들 때 내게로 다가와 준다. 진정한 친구는 모두가 떠날 때 내게 오는 사람이다. 과연 나는 누구에게 그런 친구이며, 나에게 그런 친구는 몇이나 될까?

제1차 세계대전 당시 한 미군 병사가 격렬한 전투 중에 부상을 당하여 쓰러져 낙오가 되었다. 참호 속으로 피신한 병사들은 안타까운 마음으로 그를 바라볼 뿐 어떻게 손을 쓸 수가 없었다.

그 때 그를 구하겠다고 나서는 병사가 있었지만 소대장은 위험하다고 말렸다. 그러나 그 병사는 기어코 쓰러진 그를 구하기 위해 달려갔다. 가까스로 그를 데려 왔지만 그는 이미 숨을 거두었다.

그러자 소대장이 그에게 "위험을 무릅 쓰고 그 일을 할 만한 가치가 있었는가?"라고 물었다. 그러자 그 병사는 대답했다.

"제가 그에게 다가갔을 때 그 친구는 '나는 네가 올 줄 알았어'라고 말했습니다."

진정한 친구는 서로를 믿고 신뢰한다. 야고보서를 보면, 아브라함이 하나님의 벗이라고 칭함을 받게 된 결정적인 이유가 무엇이었는지 설명하고 있다.

"우리 조상 아브라함이 그 아들 이삭을 제단에 바칠 때에 행함으로 의롭다 하심을 받은 것이 아니냐 …… 이에 성경에 이른 바 아브라함이 하나님을 믿으니 이것을 의로 여기셨다는 말씀이 이루어졌고 그는 하나님의 벗이라 칭함을 받았나니"(약 2:21, 23).

하나님은 아브라함에게 복을 주신 후에 과연 계속해서 그 복을 누릴만한 사람인지, 복을 받은 후에 믿음이 변하지는 않았는지 확인하시기 위해서 마지막으로 시험을 하셨다.

그런데 아브라함이 온전한 믿음으로 이삭을 번제로 바치자 하나님은 그의 믿음을 의롭게 여기셨고, 그를 향하여 나의 벗이라고 하셨던 것이다. 아마 하나님은 속으로 이렇게 말씀하셨을 것이다.

"나는 네가 그럴 줄 알았어."

우리는 성경에서 많은 사람들이 하나님께 복을 받았지만, 그 복을 누리지 못하고 잃어버리는 경우를 볼 수 있다. 정상에 오르는 것도 중요하지만, 그 자리를 지키는 것은 더욱 중요하다. 마찬가지로, 복을 받는 것도 중요하지만, 받은 복을 누리는 것은 더 중요하다. 오직 믿음만이 하나님을 기쁘게 하며 오래도록 복을 누리게 한다.

하나님과 동행함

"친구 따라 강남 간다"는 말이 있는 것처럼 친구는 서로 동행한다. 별로 생각이 없다가도 친구가 권하면 하게 되는 일이 많다. 또 "포도

주와 친구는 오래 묵을수록 좋다"는 말이 있다. 우정의 깊이는 동행한 햇수에 비례한다. 그러나 세상에서의 친구는 아무리 친해도 언젠가는 헤어지게 되어 있다. 동행하는 데에도 한계가 있다.

하지만 하나님께서 우리의 친구가 되어 주시면 언제 어디서나 동행하시며, 영원토록 동행하신다. 에녹은 하나님과 300년을 동행하다가 죽음을 보지 않고 승천했다. 아브라함은 75세에 부름을 받아 하나님과 동행하다가 175세에 나그네 삶을 마치고 영원한 하나님의 나라에 들어갔다. 그는 100년을 하나님과 동행했다.

어떤 지식은 책을 통해 단기간에 습득될 수 있는 것이 있고, 또 어떤 지식은 오랜 세월을 경험적으로 통해 습득되는 것이 있다. 영적인 지식은 시간을 필요로 한다. 하나님께서 오랜 세월을 두고 믿음을 연단하시기 때문이다. 그렇기 때문에 신앙의 연조는 결코 무시할 수 있는 것이 아니다. 모태 신앙인에게는 저력이 있다.

아브라함이 25년 동안 연단을 받았다고 하지만, 정확하게 따지자면 그 이상이다. 왜냐하면 아브라함이 독자 이삭을 바치는 일까지 연단의 과정이었기 때문이다. 창세기 22:1을 보면, 하나님께서는 분명히 아브라함을 시험하셨다고 말씀하고 있다. 유대인 역사가 요세푸스(Josepus)는 「유대 고대사」 1권에서, 이 때 이삭의 나이가 25세였다고 말하고 있다. 그렇다면 아브라함이 연단을 받고 온전케 되기까지 소용된 세월은 50년이라고 할 수 있다. 아브라함은 하나님과 동행한 100년의 세월 중 50년간 연단을 받았다.

신앙생활의 본질은 하나님과 동행하는 것이다. 이에 대해 미가 선지자는 "사람아 주께서 선한 것이 무엇임을 네게 보이셨나니 여호와께서 네게 구하시는 것은 오직 정의를 행하며 인자를 사랑하며 겸손하게 네 하나님과 함께 행하는 것이 아니냐"(미 6:8)고 역설하고 있다. 신앙생활은 하나님과 동행하다가 하늘나라에 들어가는 것이다. 이것이 하나님께서 구하시는 것이고, 우리가 살아가는 궁극적인 목적이다.

영국의 한 광고회사가 큰 상을 내걸고 전 국민을 대상으로 스코틀랜드의 에든버러에서 런던까지 가장 빠른 시간에 갈 수 있는 방법을 묻는 퀴즈를 냈다. 워낙 상품이 컸기 때문에 많은 사람이 응모했다. 비행기가 가장 빠르다느니, 기차를 타고 오다가 어느 지점에서 버스를 갈아타는 것이 가장 빠른 방법이라느니, 새벽에 지름길로 승용차를 운전하고 오면 가장 빠르다느니 …… 등 사람들은 여러 가지 방법을 생각해내고 실제 시간을 재어보면서 서로 자기의 아이디어가 가장 빠르게 가는 방법이라고 주장했다.

그런데 결국 상을 탄 사람의 답은 '사랑하는 사람과 함께 간다'는 것이었다. 그야말로 명답이었다. 사랑하는 사람과 함께라면 아무리 먼 길이라도 아주 가깝게 느껴진다. 이것이 사랑의 거리 계산법이다. 하나님과 함께라면 아무리 멀고 험한 길이라도 우리는 즐거운 마음으로 갈 수 있다.

사별의 아픔

평소에 죽음이 멀게 느껴지다가도 가족들 중에 누군가 세상을 떠나게 되면 죽음이 가까이 있음을 느끼게 된다. 아브라함은 생애 중에 두 번의 장례식을 치렀다. 한 번은 갈대아 우르에서 가나안으로 오던 중 하란에서 아버지 데라의 죽음을 맞아 장례를 치른 일이었고, 또 한 번은 그의 아내 사라의 장례식이었다.

반려자 아내의 죽음

아브라함의 나이 137세 되던 때에 아내 사라는 127세를 살고 가나안 땅 기럇아르바에서 세상을 떠났다(창 23:1). 아브라함에게 있어서 사라는 일생의 동반자였다. 성경은 아내를 잃은 아브라함이 "사라를 위하여 슬퍼하며 애통하다가"(창 23:2)라고 전하고 있다.

하나님께서 아브라함에게 본토, 친척, 아비 집을 떠나라고 했을 때 아브라함은 갈 바를 알지 못한 채 하나님의 말씀에 순종했다. 이때 고맙게도 사라는 아브라함을 따라 나섰다. 이방의 나그네가 되어 떠돌아다니는 신세가 되었어도 불평 한 마디 하지 않았다.

베드로는 아내와 남편과의 관계를 언급하면서 아내들에게 사라를 모범으로 제시했다.

"사라가 아브라함을 주라 칭하여 순종한 것 같이 너희는 선을 행하고 아무 두려운 일에도 놀라지 아니하면 그의 딸이 된 것이니라"(벧전 3:6).

그러면서 베드로는 남편들에게 권고하고 있다.

"남편들아 이와 같이 지식을 따라 너희 아내와 동거하고 그를 더 연약한 그릇이요 또 생명의 은혜를 함께 이어받을 자로 알아 귀히 여기라 이는 너희 기도가 막히지 아니하게 하려 함이라"(벧전 3:7).

그런데 아브라함은 아내를 귀히 여기지 못했다. 이방 땅에서 아내의 미모로 인해 신변의 위험을 느낀 아브라함은 아내에게 부탁하기를, 사람들에게 자신과의 관계를 누이 사이라고 말하도록 했고, 이로 인해 사라는 두 번씩이나 이방 왕에게 불려 들어가는 수모를 당하기도 했다. 아브라함의 삶에 있어서 최대의 오점은 남편으로서 아내를 지켜주지 못한 것이었다. 그럼에도 불구하고 사라는 남편에게 순종했다. 보호자로서 남편 노릇을 제대로 하지 못한 아브라함에게 이런 아내가 고마울 수밖에 없었다.

사라는 아이를 낳지 못해 고통을 당했다. 오죽하면 몸종을 남편에게 내주었을까? 이 일로 인해 사라는 아내의 자리마저 위협당하는 설움을 겪기도 했다. 그러다가 90세에 잉태하여 이삭을 낳았으나 첩의 아들 이스마엘과의 갈등으로 인해 마음 졸이며 아들을 키웠던 사라였다. 이렇게 수난과 고초를 겪으며 동반자로서 인생길을 걷던 아내가 세상을 떠나자 아브라함은 애통의 눈물을 흘렸던 것이다.

미국 시애틀에 있는 워싱톤 의과대학의 정신의학 교수 토마스 홈은 삶의 변화에 따르는 스트레스의 수치를 사건의 성격에 따라 설정하였는데, 항목별 수치는 다음과 같다.

- 식사 습관의 변화 또는 함께 사는 가족 숫자의 변화: 15점
- 사회 활동의 변화: 18점
- 교회 활동의 변화나 오락의 변화: 19점
- 거주지의 변화나 일의 시간 혹은 상황의 변화: 20점
- 삶의 상황의 변화: 25점
- 일의 직책의 변화: 29점
- 다른 직업에로의 변경: 36점
- 경제적 상황의 변화: 38점
- 새로운 가족 성원을 얻음: 39점
- 임신: 40점
- 가족 성원의 건강의 변화: 44점
- 결혼: 50점
- 개인의 부상이나 아픔: 53점

- 가까운 가족의 죽음: 63점
- 이혼: 73점
- 배우자의 죽음: 100점

우리는 이 수치를 통해서 배우자의 죽음이 주는 고통이 얼마나 컸었는지를 짐작해 볼 수 있다. 인생에서 겪는 가장 큰 고통은 사랑하는 가족과 갑자기 사별하게 되는 경험이다. 사랑하는 사람의 죽음이 주는 고통이란 자신이 죽음 앞에 서는 것과 같이 고통스럽다. 그리고 사랑했던 만큼 떠남의 고통은 큰 것이다. 이때는 죽음이 잔인한 강도처럼 보인다. 심리학자 칼 융(Karl Jung)은 그것을 "문장이 끝나기 전에 찍힌 마침표"라고 표현했다.

아브라함의 슬픔을 누가 이해할 수 있었겠으며, 또 누가 위로할 수 있었겠는가? 아브라함에게 있어서 아내 사라의 죽음은 이 세상에 대한 소망과 미련을 접고 영원한 본향을 더욱 사모하게 하는 계기가 되었을 것이다.

유산 정리

큰 재산을 가지고 있던 부모가 세상을 떠난 이후 자식들이 유산을 가지고 다투며 법정에까지 가는 추한 일들이 벌어지곤 한다. 부모는 자식들이 재산을 가지고 분쟁하는 일이 없도록 해야 한다.

아브라함은 죽음을 맞기 전에 자식들에게 재산을 분배하고 유산을 정리함으로써 우리에게 이 일에 대한 모범을 보여주었다. 아브라함의 말년의 여러 가지 일들을 기록하고 있는 창세기 25장을 보면, 아브라함은 자신의 죽음을 바라보면서 이삭에게 모든 기업을 물려주었다.

> "아브라함이 이삭에게 자기의 모든 소유를 주었고 자기 서자들에게도 재산을 주어 자기 생전에 그들로 하여금 자기 아들 이삭을 떠나 동방 곧 동쪽 땅으로 가게 하였더라"(창 25:5-6).

아브라함에게는 이삭 외에도 사라의 몸종 하갈에게서 낳은 이스마엘과 후처가 낳은 여섯 아들이 있었다. 아브라함은 사라가 죽은 이후 38년을 더 살았는데, 그 동안에 그는 그두라를 후처로 맞이하여 시므란, 욕산, 므단, 미디안, 이스박, 수아를 낳았다(창 25:1-2).

아브라함에게는 여덟 명의 아들이 있었지만, 약속의 아들은 이삭 한 사람이었다. 성경에는 정확하게 언급되어 있지 않지만, 정황으로 봐서 아브라함은 그의 다른 아들들에게 이삭이 하나님의 약속에 의해 택해진 아들임을 분명히 밝혔던 것 같다.

아브라함은 다른 아들들에게도 적절히 재물을 주어 이삭으로부터 멀리 떠나도록 했다. 이것은 아브라함이 자기가 세상을 떠난 후에 자식들 간의 분쟁으로 인해 이삭이 어려움을 당하지 않도록 하기 위해서 취한 적절한 조치였다.

평안한 죽음

낯선 땅에서 늘 죽음의 위협을 느끼며 살았던 아브라함은 일이 닥쳐서 죽음을 준비한 것이 아니라, 사는 동안 내내 죽음을 준비했다. 그랬기 때문에 특별한 죽음 준비가 필요 없었고, 아울러 별다른 문제없이 아름다운 죽음을 맞이할 수 있었다.

사람의 사는 모습이 다양한 만큼 죽는 모습도 다양하다. 어떤 사람은 마지막 순간까지 생에 대한 애착을 버리지 못하여 발버둥치다가 고통스럽게 죽는다. 반면에 어떤 사람은 잠자듯이 평온하고 행복하게 죽는다. 나는 많은 사람들의 임종을 지켜보면서 신실한 믿음의 삶을 살았던 성도의 얼굴에는 죽음의 어두운 그림자보다는 행복한 하늘나라의 밝은 미소가 어리어 있음을 보곤 했다.

언젠가 한 번도 만난 적이 없는 ㅇ씨가 강릉에서 주소만 보고 간암 말기 상태에서 부인과 함께 찾아왔다. 그는 살고자 하는 강한 의욕을 가지고 있었다. 나는 그들에게 영원히 살 수 있는 길을 제시하고 죽음을 맞이할 수 있는 준비를 하도록 했다. 그는 구원과 영생의 복음을 받아들였고, 한 달 동안 새로운 생명을 얻은 기쁨과 즐거움을 만끽하다가 세상을 떠났다. 평온하고 아름다운 모습으로 임종하는 남편의 모습을 본 그의 아내는 그 모습에 너무 감동이 되어 내세를 믿고 예수님을 영접하게 되었다.

청과 도매업을 했었기에 장례식에 조합원들이 많이 찾아왔다. 사람들은 "저 사람이 어떻게 해서 예수를 믿게 되었는지 도무지 알 수 없구먼"이라고 한 마디씩 했다. 주변 사람들의 말에 의하면, ㅇ씨는 도무지 예수님을 믿을 것 같지 않았던 강퍅한 심령을 가진 사람이었다. 그러나 죽음 앞에서 그는 마음의 문을 열었다. 하나님의 은혜가 아니었다면 불가능한 일이었다.

하나님께서는 아브라함과 언약을 체결하실 때 그에게 "너는 장수하다가 평안히 조상에게로 돌아가 장사될 것이요"(창 15:15)라고 말씀하셨다. 아브라함은 믿음으로 일관된 삶을 살았고 죽음에 대한 준비를 성실히 함으로써 하나님께서 축복하신 대로 평안히 세상을 떠났다. 성경은 그의 마지막에 대해서 우리에게 이런 말씀을 들려주고 있다.

> "아브라함의 향년이 백칠십오 세라 그의 나이가 높고 늙어서 기운이 다하여 죽어 자기 열조에게로 돌아가매 그의 아들들인 이삭과 이스마엘이 그를 마므레 앞 헷 족속 소할의 아들 에브론의 밭에 있는 막벨라 굴에 장사하였으니"(창 25:7-9).

아브라함은 175세를 살고 기운이 다했을 때 하나님께 부름을 받았다. '나이가 높고'라는 말은 '백발의 나이가 되어'라는 뜻이다. 백발이 다 된 그의 머리는 영광의 면류관이었다(잠 16:31). '열조에게로 돌아가매'라는 말은 하나님께서 마련해 두신 세계로 들어감을 말하는 것이고, 죽은 후에도 인격적인 삶이 계속됨을 나타내는 것이다.

예수님은 부자와 거지 나사로의 비유를 말씀하시면서 죽음 이후의 아브라함의 모습을 이렇게 말씀하고 있다.

> "이에 그 거지가 죽어 천사들에게 받들려 아브라함의 품에 들어가고 부자도 죽어 장사되매 그가 음부에서 고통중에 눈을 들어 멀리 아브라함과 그의 품에 있는 나사로를 보고 불러 이르되 아버지 아브라함이여 나를 긍휼히 여기사 나사로를 보내어 그 손가락 끝에 물을 찍어 내 혀를 서늘하게 하소서 내가 이 불꽃 가운데서 괴로워하나이다 아브라함이 이르되 얘 너는 살았을 때에 좋은 것을 받았고 나사로는 고난을 받았으니 이것을 기억하라 이제 그는 여기서 위로를 받고 너는 괴로움을 받느니라"(눅 16:22-25).

거지가 죽어 아브라함의 품에 들어갔다는 것은 그가 낙원에 갔다는 것이다. 아브라함은 죽어 낙원에 거하고 있다. 죽은 이후에 사람들이 가는 길은 두 곳 중의 한 곳이다. 그곳은 낙원, 아니면 음부이다. 아브라함이 살아있는 동안 사모했던 영원한 본향은 낙원이었다.

아브라함의 장례식은 두 아들 이삭과 이스마엘에 의해서 치러졌다. 이삭과 이스마엘은 서로 사이가 썩 좋은 편은 아니었으나, 아버지의 장례식은 두 아들의 관계를 화목하게 하는 계기가 되었다. 아브라함은 생전에 사라를 장사지내기 위해 매입한 막벨라 굴에 장사되어 먼저 간 사라의 곁에 편히 눕게 되었다.

죽음은 영원한 안식이다. 우리가 하루 종일 일터에서 열심히 일하고 나면 피곤해져서 쉬고 싶고, 얼른 집으로 돌아가 잠자고 싶은 것과 마찬가지로, 죽음은 한평생 수고한 우리 인생에게 영원한 휴식과 잠이다. 죽음은 모든 것의 끝이 아니고, 영원한 안식을 위한 과정일 뿐이다. 죽음이란 관문을 통과하고 나면 하나님 아버지의 집에서의 영원한 안식이 우리를 기다리고 있다.

죽기 전에 해야 할 일

1. 하나님과 함께라면 아무리 멀고 험한 길이라도 우리는 즐거운 마음으로 갈 수 있다. 가족과 이별하는 죽음 앞에서 하나님을 절대 신뢰하고 하나님의 약속을 믿고 용기있게 나가자.
2. 사는 동안 내내 죽음을 준비하면 특별한 죽음의 준비가 필요 없고 아름다운 죽음을 맞이할 수 있다. 아브라함처럼 죽음을 맞기 전에 미리 재산 분배와 유산을 정리하라.

2

이삭

– 신앙을 물려주는 계승자

이삭은 이스라엘 3대 족장 가운데 가장 오래 살았지만, 성경에서는 가장 적은 분량으로 그의 삶을 다루고 있다. '젊은이의 3대 불행은 유명한 부모를 만난 것, 똑똑한 아내와 사는 것, 너무 젊은 나이에 출세하는 것이다'라는 말이 있다. 이삭의 경우는 첫 번째의 경우에 해당될 것이다. 이삭이 그의 위대한 아버지 아브라함의 뒤를 따르는 일은 결코 쉽지 않았을 것이다.

어떤 경험들은 그다지 필요하지 않은 것도 없지 않으나 반드시 필요한 경험들이 있다. 영적인 성장을 위해서는 직접적인 경험이 필요하다. 선조들이 이루어 놓은 것을 그대로 받아들인다고 해서 자기의 것이 되지 않는다.

어떤 면에서 이삭의 삶은 그의 아버지가 겪었던 여러 가지 경험들을 통과하지 않고 그의 아버지의 지위를 얻었기 때문에 너무 수월하게 진행되었다고도 볼 수 있다. 그렇기 때문에 말년에 이르러 성화의 수준을 놓고 볼 때 3대 족장 중 가장 부족한 모습을 보여주었다.

아브라함과 야곱이 죽음을 앞두고 본이 될 만한 죽음 준비를 했던 반면에, 이삭은 육신의 눈만 어두울 뿐 아니라 영적인 눈까지 어두워 실수를 저질렀고, 그의 실수는 두 아들, 에서와 야곱의 인생을 불행하게 만들었다.

연약했던 이삭

아브라함 때 흉년이 들었던 것처럼 가나안 땅에 또 흉년이 들었다. 이삭은 아비멜렉 왕이 다스리는 그랄의 블레셋으로 갔다. 이삭은 이곳에서 아브라함에게 주어진 약속을 받고 애굽으로 내려가지 않고 그랄에 거했다. 이삭은 낯선 땅에 거하면서 아내 리브가로 인해 생명의 위협을 느꼈다.

창세기를 보면, 처녀 리브가에 대하여 '그 소녀는 보기에 심히 아리땁고'(창 24:16)라고 소개하고 있다. 리브가는 상당한 미모의 여인이었다. 이삭은 그랄 사람들이 리브가를 가로채기 위해 그녀의 남편인 자신을 해치울지도 모른다고 생각하고 두려워했다. 이삭은 자신의 생명을 구하기 위하여 리브가를 기꺼이 포기했다. 그는 아비멜렉에게 그녀를 아내라 하지 않고 누이라고 거짓말을 했다. 그러나 이삭의 거짓말이 탄로나고, 이삭은 결국 아비멜렉에게 책망을 받게 되었다.

이 사건은 부친 아브라함이 애굽(창 12:13)과 그랄(창 20:2)에서 두 번씩이나 저질렀던 실수를 재연한 것이었다. 아브라함이 그 실수를 했을 때 이삭은 태어나지도 않았었다. 이삭이 아내를 포기한 것은 아버지 아브라함을 보고 배운 것이 아니었다. 이 사건은 부전자전(父傳子傳)의 차원보다는 죽음 앞에서 두려워 떠는 모든 인간의 연약성을 보여주는 것이다.

인간은 누구나 죽음에 대한 공포를 가지고 있다. 인간은 자기의 죽음뿐 아니라, 타인의 죽음도 두려워한다. 베르자예프(Nikolai Berdyaev)는 그의 책 「노예냐 자유냐」에서 "공포는 인간의 노예성의 한 표현이다"라고 했다. 죽음에 대한 공포는 곧 인간이 죽음의 노예임을 의미한다.

이에 대해서 성경은 무엇이라고 말씀하는가? 성경은 사람들이 죽기를 무서워해서 일생동안 죽음에게 종노릇한다고 말씀하고 있다(히 2:15). 아브라함, 이삭뿐만이 아니다. 예수님의 수제자 베드로도 죽기까지 주님을 따르겠다고 큰소리를 쳤지만, 죽음의 공포에 사로잡혔을 때 거짓말을 했다. 주님을 부인했고, 맹세하고 저주까지 하면서 부인했다.

강원도 '사랑이 있는 마을'에서 암 환자들과 상담을 하다 보면, 그들의 두려움이 암보다 더 큰 문제라는 것을 발견하곤 한다. 암보다 더 무서운 것이 두려움이다. 암에 걸렸다고 해서 그 암으로 인해 수명이 단축되는 것은 아닌데, 두려움으로 인해 더 빨리 죽어가는 것을 보게 된다.

이처럼 사람들은 죽음 앞에서 벌벌 떨고, 죽음 때문에 비굴해지기도 하고, 죽지 않으려고 배신도 한다. 심지어 두려움 때문에 아브라함이나 이삭처럼 아내를 포기하기까지 하는 것이다. 죽음에 대한 두려움을 극복해야 한다. 우리는 "사람을 두려워하면 올무에 걸리게 되거니와 여호와를 의지하는 자는 안전하리라"(잠 29:25)는 말씀을 기억할 필요가 있다.

죽고자 하면 살고, 살고자 하면 죽는다. 이삭은 비록 물리적 힘은 미약할지라도 하나님을 믿는 신앙을 가지고 거짓말을 하지 말았어야 했다.

이삭의 가정생활

아브라함이 개척자의 삶을 살았던 반면, 이삭은 부모로부터 물려받은 삶을 살았다. 그는 성격상 다른 사람과 부딪치는 것을 싫어했고, 삶에 갈등이 왔을 때 회피하는 삶을 살았다. 그래서 그의 삶이 평온해 보이지만, 그의 삶과 가정은 결코 평안하지 않았다.

이삭은 40세에 리브가와 결혼하였으나 20년 동안 자식을 얻지 못했다. 여기에는 약속의 씨가 단순한 결혼의 열매가 아니라 은혜의 선물임을 인식하도록 하기 위한 하나님의 섭리가 있었다. 하나님께서는 리브가의 태를 닫으심으로 이삭이 하나님의 은혜를 사모하도록 하셨다. 이삭은 아내를 위하여 간구했고, 하나님께서는 그의 간구를 들어 주셨다.

리브가는 하나님의 은혜로 쌍둥이를 잉태하였고, 그들이 뱃속에서 서로 싸우는 것을 알게 되었다. 아이들이 뱃속에서 싸워대니 잉태의 고통이 얼마나 심했을까? 리브가는 하나님께 어찌해야 할지를 물었다. 그러자 하나님께서는 리브가를 통하여 태어날 그 두 아이가 두 개의 큰 민족을 이룰 것이며, 강자와 약자로 나뉘되 큰 자가 약자가 되고 작은 자가 강자가 될 것임을 계시해 주셨다.

하나님께서 왜 그렇게 하시는가에 대해서는 인간의 지혜로 이해하거나 판단할 수 없다. 우리에게 필요한 것은 단지 하나님의 거룩하심과 공의로우심을 믿는 믿음뿐이다. 우리도 역시 하나님의 예정된 뜻 가운데 이 세상에 태어났다.

야곱과 리브가의 편애

이삭의 삶은 서로 다른 성격의 부부가 빚어내는 문제가 무엇인가를 가르쳐 주고 있다. 이삭은 에서를 사랑했다. 반면에 리브가는 야곱을 사랑했다. 아버지는 큰 아들인 에서를, 어머니는 작은 아들인 야곱을 사랑했다.

> "그 아이들이 장성하매 에서는 익숙한 사냥꾼이었으므로 들사람이 되고 야곱은 조용한 사람이었으므로 장막에 거주하니 이삭은 에서가 사냥한 고기를 좋아하므로 그를 사랑하고 리브가는 야곱을 사랑하였더라"(창 25:27-28).

하나님의 사랑은 무조건적이지만, 인간의 사랑에는 조건이 있기 마련이다. 이삭이 에서를 사랑하고, 리브가가 야곱을 사랑한데는 이유가 있었다. 무엇인가 알지 못하는 이유로 이삭은 에서를 사랑하기 시작했는데, 성경은 그 이유 중의 하나가 에서의 사냥한 고기라고 말씀하고 있다.

편애는 성격의 차이가 원인이 되기도 한다. 에서와 야곱은 쌍둥이였지만, 기질과 성격은 대조적이었다. 에서는 외향적이었고, 야곱은 내향적이었다. 이와 관련하여 이삭과 리브가의 성격을 연구해볼 필요가 있다. 이들의 성격 역시 대조적인 면이 있었기 때문이다.

이삭은 성품이 온유한 사람이었다. 이복형제인 이스마엘에게 얻어터질 때도 말 한마디 해보지 못한 사람이다. 형 이스마엘은 사냥을 잘했다. 이삭은 자기도 사냥을 해보고 싶었지만, 늙은 나이에 자기를 낳은 부모님이 꼼짝도 못하게 했다. 자연히 이삭은 조용히 묵상하는 일을 하게 되었다.

이삭은 사춘기 때에도 부모님께 반항 한 번 못해본 사람이었다. 그가 청소년 시절에 모리아 산에서 희생 제물이 되었을 때에도 온순하게 아버지에게, 또 하나님 아버지에게 복종했다. 심지어 아내조차도 스스로 선택하지 못했다.

또한 아비멜렉이 그를 떠나라고 내쫓을 때에도 그는 다투지 아니하고 그의 말을 따라 그랄을 떠났다. 우물을 팔 때마다 블레셋 사람들이 부당하게 우물을 흙으로 매웠으나 그는 전혀 자기 권리를 주장하거나 항의하지 않았다.

온유하지만 어떤 면에서 보면 너무나 나약했던 이삭으로서는 자연히 자기표현을 잘하고 약간 야성미가 있는 사람을 동경하였을 것이다. 그런데 에서를 보니까 자기가 그렇게 원했던 모습을 소유하고 있었다. 이삭은 자연히 에서를 사랑하게 되었다. 이삭은 조용한 야곱을 보면서 조용한 사람은 자기 혼자로 족하다고 생각한 것이다.

반면에 리브가는 이삭과 다르게, 여자이지만 남자 같은 성품을 가진 사람이었다. 자기표현이 분명하고 집념에 차 있는 여인이었다. 그렇기 때문에 반대로 조용한 아들 야곱을 좋아했다. 문제는 편애였다. 리브가는 야곱을 치마폭에 싸고돌았다.

우리는 이상과 같이 이삭과 리브가의 성격을 살펴봄으로써 왜 이삭은 에서를 사랑했고, 리브가는 야곱을 사랑했었는지를 충분히 짐작해 볼 수 있다.

편애의 결과

야곱 가정의 비극은 이 편견에서 시작되었다. 자녀를 키워보면 특별히 마음에 끌리는 자녀가 있고 사랑이 가는 자녀가 있다. 부모는 자녀들을 편애하지 않도록 주의해야 한다. 부모가 자기에게 없는 기질을 가진 자녀를 특별히 좋아하거나 자기와 닮은 어떤 자녀를 편애하게 될 때 그것은 자녀들 사이에 큰 상처를 남길 수 있다.

이삭의 편애는 야곱에게 상처를 주었다. 쌍둥이 형 에서가 아버지의 사랑을 독점하게 되자 야곱은 아버지의 사랑에 굶주렸다. 아버지는 자녀에게, 특히 아들들에게 거의 모든 것이라고 할 수 있다. 아버지의 사랑과 인정을 받지 못해서 생긴 결핍은 다른 어떤 것으로도 채울 수 없다. 어머니가 아무리 사랑해 주어도 아버지의 빈자리는 채울 수 없는 것이다.

우리가 주목할 사실은 그렇게 집중적으로 아버지의 사랑을 받은 에서에게도 굶주린 마음의 상처가 있었다는 점이다. 에서는 가나안 여인들을 무분별하게 취하여 결혼했다. 이로 인해 에서는 이삭과 리브가에게 근심거리를 안겨주었다. 에서가 무분별한 결혼을 일삼는 이유는 무엇이었을까?

그것은 전형적인 굶주림의 증상이었다. 굶주린 마음을 가진 사람은 그 굶주린 것을 채우기 위한 목적으로 배우자를 선택하게 되는

데, 굶주림 때문에 무분별한 선택을 하고 후회를 하게 된다. 그런 결혼은 오래 지속되지 못한다.

아버지의 사랑을 독점한 에서가 굶주린 마음을 가진 이유는 무엇이었을까? 우리는 여기서 중요한 깨달음을 얻어야 한다. 편애적인 사랑은 정상적인 사랑이 아니다. 건강하지 못한 사랑은 그것을 받는 자에게도 채움이 되지 못하고 굶주림이 된다.

이삭의 죽음 준비

이삭은 137세의 고령이 되자 자기의 죽음이 임박한 것으로 여겼다. 그는 아마도 그의 이복 형 이스마엘이 137세에 죽은 사실을 회상했던 것 같다(창 25:17). 죽음이 임박함을 느끼자 그는 죽기 전에 해야 할 중요한 일을 생각했다. 그것은 자신의 상속자에게 복을 빌어 주어주고 하나님의 약속과 신앙을 물려주는 일이었다.

에서와 야곱은 쌍둥이였지만 먼저 태어난 자는 에서였기 때문에 당시 풍습으로는 장자의 상속권은 장자인 에서에게로 돌아가는 것이 마땅한 일이었다. 그러나 하나님께서는 에서와 야곱이 태어나기 전에 리브가에게 이렇게 말씀하셨다.

"여호와께서 그에게 이르시되 두 국민이 네 태중에 있구나 두 민족이 네 복중에서부터 나누이리라 이 족속이 저 족속보다 강하겠고 큰 자가 어린 자를 섬기리라"(창 25:23).

인간적인 관점에서 보면 장자의 명분은 에서에게 있는 것이 당연했지만, 하나님의 관점에서 보면 장자의 명분은 야곱에게 속한 것이었다. 이삭은 과거에 하나님께서 "큰 자가 어린 자를 섬기리라"고 분명히 말씀하셨기 때문에 하나님께서 야곱에게 장자의 복을 허락하셨다는 것을 충분히 알고 있었을 것이다. 그러나 그 축복의 때가 다가왔을 때 이삭은 하나님의 뜻을 따르지 않았다.

"이삭이 나이가 많아 눈이 어두워 잘 보지 못하더니 맏아들 에서를 불러 이르되 내 아들아 하매 그가 이르되 내가 여기 있나이다 하니 이삭이 이르되 내가 이제 늙어 어느 날 죽을는지 알지 못하니 그런즉 네 기구 곧 화살통과 활을 가지고 들에 가서 나를 위하여 사냥하여 내가 즐기는 별미를 만들어 내게로 가져와서 먹게 하여 내가 죽기 전에 내 마음껏 네게 축복하게 하라"(창 27:1-4).

이삭은 하나님의 뜻을 알고도 그 뜻을 이루기 위해 어떤 노력도 하지 않았고, 에서를 사랑했던 까닭에 하나님의 뜻을 감정적으로 처리하고자 했다. 오히려 이삭은 육신의 정욕을 따라 별미를 먹고자 하는 마음으로만 가득했다.

이삭이 에서에게 한 말을 들은 리브가는 야곱에게 약속하신 하나님의 장자권과 복이 에서에게로 넘어가는 것을 보고 있을 수 없었다. 리브가는 야곱에게 아버지 이삭의 계획을 알리고 에서에게 돌아갈 장자의 복을 가로채기 위한 모략을 꾸미게 되었다.

만약 리브가와 야곱이 참고 기다렸다면 하나님께서 나서서 모든 일을 처리해 주셨을 것이고, 사랑하는 아들과 헤어져 지내는 슬픈 운명을 당하지 않았을 것이다. 그러나 리브가는 기다리지 못했다. 그녀는 하나님의 계획과 목적은 알고 있었지만, 문제를 하나님께 내어맡길만한 믿음을 갖고 있지는 못했다.

리브가가 이렇게 나서게 된 데에는 남편 이삭에 대한 불신 또한 한 원인이 되었다고 볼 수 있다. 그것은 과거에 이삭이 아내를 누이라고 거짓말한 사건에 기인한 것이다. 리브가는 남편이 다시 어려운 상황에 직면하게 되면, 이전처럼 타협하거나 혹은 자신의 유익을 위하는 길로 나갈 수 있다는 것을 알고 있었다. 그것은 장자의 복을 빌어주는 때가 임했을 때도 마찬가지였다. 그래서 리브가는 이 문제를 남편에게 맡기기보다는 자신의 손으로 해결해야 한다고 생각했던 것이다.

리브가는 두려워 떠는 야곱을 설득했다. 그녀는 자신이 모든 것을 책임지겠다고 하면서 아들을 안심시켰다. 이때의 리브가의 계획은 남편의 눈이 잘 보이지 않는 육체적인 한계를 이용하는 것과 이삭의 감정적인 허약함을 이용하여 이삭을 속이는 것이었다.

이삭은 에서인양 꾸미고 다가온 야곱에게 속아 그에게 장자의 복을 빌어주었다. 그러나 얼마 지나지 않아 이삭은 그가 행한 모든 일의 전말을 알아차렸고, 심히 크게 떨며 "그를 위하여 축복하였은즉 그가 반드시 복을 받을 것이니라"(창 27:33)고 했다. 이삭은 실수를 하고 난 후에 비로소 야곱이 장자의 복을 받아야 할 자임을 인정했던 것이다.

이삭의 죽음

성경은 장자 축복 사건 이후, 그의 죽음 외에는 아무것도 그에 관해서 기록하지 않았다. 야곱이 집을 떠나 멀리 가고 난 후에 이삭과 리브가는 성경에서 사라지고 말았다. 그리고 20년이 지나고 나서야 이삭은 야곱을 만날 수 있었으나, 이 때 리브가는 이 세상에 없었다.

이삭은 야곱을 축복할 무렵 곧 죽을 줄로 생각했었으나, 이후 43년을 더 살다가 기럇아르바, 즉 아브라함이 우거하던 곳인 헤브론에서 세상을 떠났다. 그는 아브라함처럼 나이 많고 기운이 진하여 죽었으며, 죽을 때 그의 나이 180세였다. 이 때 에서가 아버지 이삭의 죽음 소식을 듣고 그가 거하던 세일 산에서 내려와 야곱과 함께 아버지 이삭을 장사지냈다(창 35:27-29). 이삭은 아브라함과 사라가 묻힌 막벨로 굴에 안장되었다(창 49:31).

야곱의 이야기가 시작되면서 이삭은 무대 뒤로 사라졌지만, 언약의 성취 차원에서 보면 야곱이 열두 아들을 얻고 자손이 번성하는 모습은 곧 이삭의 삶의 연장이라고 할 수 있다. 아브라함은 약속을 받고 이삭을 남기고 세상을 떠났지만, 이삭은 야곱을 통해 하나님의 언약이 서서히 이루어져 감을 확인하며 세상을 떠났던 것이다.

이삭은 성화의 수준을 놓고 볼 때 창세기에 나오는 족장들 가운데 가장 부족한 모습을 보여준 반면, 가장 오래 살았다. 그 이유는 그가 부모에게 순종했기 때문이었다. 성경은 "네 부모를 공경하라 그리하면 네 하나님 여호와가 네게 준 땅에서 네 생명이 길리라"(출 20:12)고 말씀하고 있다. 아브라함이 175세를 살았고, 야곱이 147세, 요셉이 110세를 살았으나 이삭은 180세를 살았다.

죽기 전에 해야 할 일

1. 이삭은 연약한 사람이었으나 부모에게 순종을 잘하여 성경의 약속대로 족장들 가운데 가장 오래 살았다. 이 교훈을 자녀들과 함께 나누어라.
2. 이삭은 자신의 죽음이 임박했음을 느끼고 부모로서 죽기 전에 해야 할 중요한 일, 즉 자녀들에게 축복기도 해주고, 하나님의 약속과 신앙을 물려주었다. 당신도 떠나기 전에 이 중요한 일을 기도로 준비하고 꼭 실천하라.

3

야곱

– 변화된 나그네 인생

성경에 나오는 수많은 인물들 중에서 야곱만큼 우리에게 공감을 불러일으키는 인물도 없다. 그의 인간적인 모습들, 욕심내고 갈등하고 실패해서 절망하고 두려워하는 모습들은 시대와 문화와 공간을 뛰어 넘어서 지금 우리 옆에 있는 어떤 사람을 보는 것 같은 착각을 불러일으킨다.

야곱은 형 에서를 속이고 장자권을 얻고 장자의 축복을 받았다. 이로 인해 생명의 위협을 당하게 되었고, 외삼촌 라반의 집으로 피신을 가게 되었다. 20년 동안 라반의 집에 머무는 동안 야곱은 네 명의 아내를 얻게 되었고, 열두 아들을 얻게 되었다.

이후 고향 땅 가나안에 돌아와 형 에서와 화해하고 평안한 삶을 살던 야곱은 요셉을 잃어버리고 눈물로 세월을 보냈다. 그러다가 말년에 이르러 죽은 줄 알았던 사랑하는 아들 요셉을 만나게 되었고, 요셉의 요청으로 기근을 피해 애굽에 머물게 되었다.

요셉의 인도로 애굽 왕 바로의 앞에 서게 되었을 때, 바로는 야곱에게 "네 나이가 얼마냐?"라고 물었다. 그러자 야곱은 "내 나그네 길의 세월이 백삼십 년이니이다 내 나이가 얼마 못 되니 우리 조상의 나그네 길의 연조에 미치지 못하나 험악한 세월을 보내었나이다"(창 47:9)라고 대답했다.

성경의 인물마다 독특하게 자신의 삶을 통해서 우리에게 가르쳐 주는 진리가 있다. 야곱은 집착하는 인생이었다. 이러한 야곱이 말년에 자신의 인생을 나그네 인생으로 고백했다. 그는 우리에게 굶주린 마음으로 집착하며 사는 삶의 허무함이 어떠한지, 그리고 참된 인생길, 즉 나그네 인생이 무엇인지를 교훈하고 있다.

야곱의 삶의 여정

당시 장자권은 대단한 권한을 지니고 있었다. 우선 장자는 가정을 통솔하는 부친의 권위를 공식적으로 승계하여 재산 상속을 상속할 때 갑절을 받았고, 영적으로는 가정의 제사장으로서 하나님께 제단을 쌓을 수 있었다. 그리고 아브라함의 후손으로서 가나안 땅에 대한 언약을 계승받을 수 있었다.

성경을 보면, 야곱의 전반기 인생은 장자권 싸움으로 얼룩져 있다. 어느 날 야곱이 팥죽을 쑤었는데 피곤한 몸으로 들에서 돌아온 형 에서는 팥죽을 보고는 그것을 달라고 했다. 이 때 에서는 형에게 장자권을 조건으로 요구했다.

집착하는 인생

이 이야기는 야곱의 마음속에 있는 굶주림을 보여주고 있다. 굶주림이 있으면 그것을 채우기 위해 처절할 정도로 집착을 하게 된다. 야곱의 장자권 쟁탈전은 그 단면을 보여준다.

그러면 왜 야곱은 그토록 집착하는 인생을 살았을까?

아버지 이삭은 에서만을 사랑했다. 야곱은 아버지의 사랑을 갈망했다. 그 굶주린 마음은 가장 먼저 장자권에 대한 집착으로 표현되었다. 아마 야곱은 속으로 끝없이 묻고 또 물었을 것이다. '왜 아버지는 형 에서만 사랑하고, 나는 사랑하지 않으시는가?' 그가 내린 결론은 '내가 장자가 아니기 때문이다'였을 것이다. 그러면서 계속되는 염원과 집착은 '내가 장자이기만 했다면…'였을 것이다.

그러던 어느 날 에서가 헐레벌떡 달려와서 팥죽을 달라고 조르자 야곱은 슬그머니 장자권을 팔라고 요구했다. 이렇게 굶주린 사람의 마음은 무엇인가에 집착하게 된다.

그런데 그 집착은 두려움에 의한 집착과는 다른 면이 있다. 두려움에 의한 집착은 '무너지지 않기 위한 안전에의 집착'이지만, 굶주림에 의한 집착은 '채우기 위한 만족에의 집착'이다.

야곱의 장자권에 대한 집착은 아버지의 사랑을 받기 위한 수단으로서의 집착이었다. 이 집착 때문에 야곱은 속이는 인생을 살았다. 형의 장자권을 탐내어 팥죽으로 빼앗았고, 형의 축복을 탐내어 눈먼 아버지를 속여 축복을 가로챘다. 그리고 외삼촌을 속여 많은 재산을 얻었다. 야곱은 하나님의 거룩한 약속을 인간적인 속임수로 받으려 했다. 그 결과 험악한 인생을 살아야 했다.

험악한 세월

야곱의 후반기 인생은 그의 말대로 험악한 세월이었다. 그러나 그 험악한 세월은 결코 헛된 세월이 아니었다. 그 험악한 세월은 하나님께서 야곱을 깨뜨리시고 그의 인격을 성화시키기 위한 하나님의 섭리 가운데 이루어졌기 때문이다.

하나님께서는 지극히 인간적인 야곱에게 곧바로 복을 주실 수 없었다. 그가 축복을 받을 그릇이 되기 위해서는 수많은 눈물과 탄식이 필요했고, 많은 곤고한 날을 보내야 했다. 진실로 야곱은 그가 고백한 바와 같이 험악한 세월을 보내야 했다.

야곱의 인생에서 가장 큰 고통은 사랑하는 아내 라헬을 먼저 보내고, 이어서 사랑하는 요셉을 잃어버린 일이었다. 야곱은 사랑하는 아내 라헬에게서 첫 번째 아들인 요셉을 얻었다. 그런데 라헬은 두 번째 아들을 낳다가 세상을 떠나버렸다. 야곱은 라헬을 잃은 뒤에 먼저 간 아내를 보듯 라헬이 낳은 아들 요셉을 바라보며 살았다.

더욱이 열두 아들 중에 유독 요셉이 꿈이 많은 것까지 야곱을 빼서 닮았다. 그런데 그 애지중지한 요셉을 형들에게 심부름 보냈다가 잃고 말았다. 남은 자식들이 돌아와 요셉의 피 묻은 옷을 내놓았을 때 하늘이 무너지는 듯했다. 모든 정황으로 보아 아들 요셉이 짐승에게 잡아먹혔다고 인정할 수밖에 없었다. 야곱은 하염없이 눈물을 흘렸다.

> "자기 옷을 찢고 굵은 베로 허리를 묶고 오래도록 그의 아들을 위하여 애통하니 그의 모든 자녀가 위로하되 그가 그 위로를 받지 아니하여 이르되 내가 슬퍼하며 스올로 내려가 아들에게로 가리라 하고 그의 아버지가 그를 위하여 울었더라"(창 37:34-35).

자식을 잃은 슬픔에 야곱은 자식이 죽은 곳으로 가겠다고 몸부림쳤다. 토인비는 「죽음에 대한 사람들의 관심」에서 죽음은 일종의 '양자간 사건'이라고 언급하면서 한 쌍의 부부 가운데 한 사람이 불치병으로 세상을 떠나게 되면 남아 있는 사람이 겪어야 하는 고통은 죽은 사람보다 많으면 많았지 결코 적지 않다고 이야기했다.

그는 환자는 죽으면 그만이고 더 이상 고통은 없을 것이지만, 남겨진 사람은 육체는 살아 있되 정신은 죽은 상태로 변하여 정신적 고통이 비할 수 없이 커서 죽음만도 못한 삶을 영위할 수도 있다고 여겼다.

사랑하는 사람은 자신의 한 부분과 같다. 부모, 남편과 아내, 자녀, 그리고 사랑했던 친구 등 이들이 죽으면 우리의 한 부분이 죽는다. 그렇기 때문에 남은 가족들의 상실감은 이루 말할 수 없다.

정말 어려운 경우는 자식을 잃었을 때이다. 죽음의 현실을 받아들이지 못한다. '만약, ~했더라면'이라는 죄책감, 양심의 가책, 의기소침과 해결할 수 없는 질문들이 꼬리를 물게 된다. 야곱에게도 '내가 요셉을 형들에게 심부름 보내지 않았더라면' 하는 후회가 컸을 것이다.

심리학자들은 아이를 잃은 것과 같은 전신 쇼크는 우울증과 불면증을 일으킨다고 한다. 그 부모들은 잠을 자도 피로를 풀 수 없을 정도이다. 그들의 눈은 붓고 충혈되어 있으며, 몇 시간을 함께 이야기해도 그 내용을 아무것도 기억하지 못하는 경우도 있다. 어떤 부모들은 죽은 자녀의 환상을 보거나 환청을 듣기도 한다. 한 아버지는 운전을 할 때 종종 딸의 환상이 자기 앞에 나타난다고 한다. 그리고 도로를 보면 사방에서 딸의 모습이 보인다고 한다.

어쩌면 자식을 잃어버리는 것보다 더 큰 고통은 없을 것이다. 그것은 자식에게 기대를 가지고 온갖 정성과 사랑을 쏟았기 때문이다. 자식을 잃은 부모들은 미래를 잃어버린 것이다. 자식의 죽음은 부모의 살아갈 의욕마저 빼앗아 갈 위험이 있다. 자식을 잃어버린 사람의 애통은 그 누구도 위로할 수 없다. 사람의 위로로 슬픔을 웃음으로 돌려놓을 수 없다. 요셉을 잃은 야곱의 곁에 누구를 불러 세워야 위로가 되겠는가? 그렇기 때문에 야곱은 다른 아들들의 위로를 받지 않았다고 했다.

야곱은 외삼촌 라반에게 속고, 심지어는 자식에게까지 속는 험악한 세월을 살면서 깨어졌고 인격이 변화되었다. 그의 탐심이 사라졌다. 야곱은 애굽에 양식을 구하러 가는 아들들에게 "우리를 위하여 양식을 조금 사오라"(창 43:2)고 한 그의 말 한 마디 속에서 그의 인격이 얼마나 성화되었는지를 살펴볼 수 있다.

하나님은 우리의 환경을 바꾸는 것보다는 인간의 본성을 고치는 데 깊은 관심을 가지고 계신다. 성경이 제시하는 우리 삶의 궁극적인 목표는 인격이 성화되어 온전하신 그리스도를 닮는 것이다. 모든 문제는 탐심에서 비롯된다. 자족하지 못하고 돈을 사랑하면 그것이 일만 악의 뿌리가 된다. 또한 미혹을 받아 믿음에서 떠나 많은 근심 가운데 살게 된다. 그러므로 우리는 자족하는 마음으로 탐심을 버리고 거룩함에 이르러야 한다.

7월 어느 날, 우연히 산삼을 발견했다. 산삼을 얻고 나니 어떻게 활용해야 할지 고민이 되었다. 그 고민 사이로 우리 '사랑이 있는 마을'에 머물고 있는 환우가 떠올랐다. 그가 산삼을 먹어서 나타나는 효과보다 먹었다는 안도감에 힘이 날 것 같았다. 또한 산삼을 팔아 현금을 받았을 때 교회에 도움은 될지 모르나 돈의 노예가 될 것이라는 생각이 들었다.

산삼을 볼 수 있는 눈을 주신 하나님이 이 산삼을 어떻게 하는 것을 기뻐하실지 묵상했다. 저녁 때까지 아무에게도 산삼 이야기를 꺼내지 않았다. '사랑이 있는 마을'이 공동체의 삶을 추구하는 곳이라면 여기서 일어나는 모든 일과 소유는 혼자의 것이 아니라 공동체의 것이라는 결론이 내려졌다.

일과를 마치고 모인 분들에게 산삼 이야기를 꺼내자 아무도 믿지 않았다. 실물을 가져와서 보여주자 그때서야 사실인 것을 확인하고 놀라워했다. 산삼은 모두 여섯 뿌리였다. 예배에 모인 분들과 하나님께 감사를 드린 후 모두 나누었다. 환자 한 분과 몸이 불편한 가운데서도 '사랑이 있는 마을' 일을 돕고 계신 분께 각각 한 뿌리씩 드리고, 나머지는 열 사람이 고루 나누어 먹었다. 산삼을 발견하고 캤을 때 너무 기뻐 꿈인지 현실인지 구분이 안 되었다. 그렇지만 산삼을 아낌없이 나눌 수 있었던 기쁨은 캘 때보다 더 오래 지속되는 행복이었다.

나그네 인생길

야곱은 자신의 인생길을 회고하면서 나그네 길이라고 했다. 우리는 길 가는 나그네와 같다. 인생은 빈손으로 왔다가 빈손으로 돌아가는 것이다(딤전 6:7). 이 사실을 알고 인생길을 나그네 길로 생각하며 사는 사람은 이 세상에 집착하고 연연해하는 삶을 살지 않는다.

믿음의 선진들은 인생을 나그네처럼 살면서 영원한 본향을 사모하며 죽음을 준비하는 삶을 살았다. 아브라함과 이삭이 그랬고, 야곱이 그랬다. 아브라함, 이삭, 야곱만 나그네의 인생을 산 것이 아니다. 신약에서 바울과 베드로 역시 나그네 인생을 살았다.

바울은 "그러나 우리의 시민권은 하늘에 있는지라 거기로부터 구원하는 자 곧 주 예수 그리스도를 기다리노니"(빌 3:20)라고 했다. 바울은 이 땅에 거하면서도 천국 시민인 것을 잊지 않았고, 주님의 재림을 기다리며 천국 시민답게 살았다.

베드로는 "사랑하는 자들아 거류민과 나그네 같은 너희를 권하노니 영혼을 거슬러 싸우는 육체의 정욕을 제어하라"(벧전 2:11)고 했다. 베드로는 성도들을 가리켜 나그네와 행인 같다고 했다. 나그네와 행인, 즉 여행자는 잠시 머무는 곳에서 보고 즐길 뿐, 그곳에서 일어나는 일들로 인해 얽매이거나 마음을 빼앗기지 않는다.

여행을 가서 하루 일정을 마치고 숙소로 돌아오면 너도 나도 "집 생각난다. 아, 이제 집에 가고 싶다"라고 한 마디씩 말을 한다. 아무리 볼 것이 많아도, 잘 먹어도, 그리고 좋은 숙소에서 머문다 해도 내 집만 못한 것이다. 그래서 며칠만 지나면 가족들이 보고 싶고, 집으로 돌아가고 싶어진다.

우리가 돌아가야 할 인생 여행의 최종 목적지는 영원한 본향, 하나님의 나라이다. 우리의 육체는 흙에서 와서 흙으로 돌아가고, 우리의 영혼은 하나님께로 와서 하나님께로 돌아간다.

우리 인생은 여행과 같다. 여행은 어떻게 하느냐에 따라 즐거울 수도 있고, 힘들고 고생스러울 수도 있다. 언젠가 여행을 떠나는데 어떤 사람은 가방을 두 개씩이나 가져와서 다른 사람에게 도움을 청하며 힘들게 다니는 것을 보았다. 어떤 사람은 가는 곳마다 물건을 사서 자기 가방으로 다 가지고 갈 수 없으니까 남의 가방에까지 짐을 떠맡기기도 했다. 짐이 많으면 자신이 힘든 것은 고사하고 다른 사람에게까지 폐를 끼치게 된다. 나도 처음으로 외국 여행을 나갈 때 큰 가방이 가득 차도록 짐을 쌌다. 그런데 여행 횟수가 늘어나면서 갈수록 짐이 줄어들게 되었다. 지금은 꼭 필요한 몇 가지만 챙겨간다.

우리는 나그네이다. 그러므로 우리는 이 세상을 마치 여행하듯 살아야 한다. 짐이 없어야 여행이 즐겁다. 짐을 줄여야 한다. 예수님께서는 "수고하고 무거운 짐 진 자들아 다 내게로 오라 내가 너희를 쉬게 하리라"(마 11:28)고 말씀하신다. 우리 인생의 짐을 줄이는 방법은 예수님 앞으로 나가는 것이다.

예수님을 믿는 사람과 믿지 않는 사람의 차이는 누가 짐을 지느냐의 차이에 있다. 세상 사람들의 삶은 인생의 모든 짐을 지고 길을 가지만, 우리 성도들은 영원한 본향에 이르기까지 인생의 모든 무거운 짐을 주님께 맡기고 주님과 동행한다. 주님과 동행하는 사람은 '주와 같이 길 가는 것 즐거운 일 아닌가' 찬양할 수 있다.

야곱의 죽음 준비

야곱은 자신의 죽음이 다가오고 있음을 느끼자, 요셉을 불러서 자신의 시신을 애굽 땅이 아니라 가나안 땅에 장사를 해 달라고 부탁하며 맹세를 하게 했다(창 47:29). 히브리서에서는 "이 사람들은 다 믿음을 따라 죽었으며 약속을 받지 못하였으되 그것들을 멀리서 보고 환영하며 또 땅에서는 외국인과 나그네임을 증언하였으니 그들이 이같이 말하는 것은 자기들이 본향 찾는 자임을 나타냄이라"(히 11:13-14)고 말씀하고 있다.

여기서 '이 사람들'이란 아브라함과 이삭과 야곱을 가리킨다. 이들은 모두 다 믿음을 따라 살았고, 믿음을 따라 죽었다. 이들은 하나님으로부터 가나안 땅에 대하여 너와 네 자손에게 줄 것이라는 약속을 받았다. 그 약속은 400년이 지나서 여호수아를 통해서 이루어졌다. 하나님의 약속은 반드시 이루어진다.

아브라함과 이삭뿐 아니라 야곱도 하나님의 약속을 믿고 가나안 땅을 바라보며 나그네의 삶을 살았다. 성경에서 애굽은 이 세상을 의미하고, 이스라엘 백성들이 홍해를 건넌 것은 신자들의 세례를 의미하고, 광야는 교회생활을 의미하고, 요단강은 죽음, 그리고 가나안 땅은 영원한 하늘나라를 의미한다.

야곱이 요셉으로 말미암아 애굽에서 호강을 하고 산다고 해서 가나안을 잊은 것이 아니었다. 야곱은 애굽에 와 있어도 약속의 땅 가나안을 생각하며 살았고, 가나안에 대한 소망을 고백했다. 우리도 하늘나라를 바라보며 나그네처럼 살아야 한다. 하늘나라를 바라보며 항상 떠날 준비, 즉 죽음 준비를 해야 한다.

죽음 준비란 예고 없이 다가오는 죽음에 미리 대비하는 것이다. 지금 내가 인간답게 제대로 살고 있는지 점검하며 사는 것이다. 죽음을 아는 만큼 삶은 진지해지고 열정을 품게 되어 있다. 그러면 평소 죽음을 준비하며 사는 사람에게 주어지는 유익은 무엇일까?

첫째로, 죽음의 두려움을 극복할 수 있게 한다. 사람들이 죽음을 두려워하는 것은 죽음 자체보다는 이 세상에서 소중하게 여기는 건강, 재물, 명예, 사랑과의 단절 때문이며, 죽음 이후에 무슨 일이 일어날 것인지 모르기 때문이다. 죽음을 두려워하면 오히려 강박감이 생기게 될 뿐, 극복되는 것이 아니다.

우리는 죽음을 인정하고 죽음이 무엇이며, 죽은 후에는 우리 영혼이 어떤 세상에서 어떤 삶을 살게 되는지 성경을 통해서 배우고 준비함으로써 죽음을 두려움의 대상이 아니라, 다정한 친구처럼 여길 수 있어야 한다.

둘째로, 열매 맺는 삶을 살게 한다. 짐승은 땅을 바라보며 살지만, 인간은 하늘을 바라보며 산다. 잠을 잘 때에도 짐승은 옆으로 혹은 엎드려 자지만, 사람은 하늘을 바라보며 자도록 되어 있다. 인간은 비록 이 땅에 발을 딛고 살아도 내일을 소망하며 영원을 사모하며 살도록 지음을 받았다.

우리는 영원한 본향을 향하여 길가는 나그네로 살고 있다. 죽음 이후에는 심판이 있다. 우리는 하나님의 심판대 앞에 서서 행한 대로 심판을 받게 된다.

'나는 준비되어 있는가?'라는 질문은 '그러면 나는 어떻게 살아야 하는가?'라는 질문으로 이어지게 되어 있다. 죽음 준비는 삶의 우선순위를 바로 정할 수 있게 함으로써 시행착오를 줄이고 열매 맺는 삶, 즉 용서와 사랑, 봉사와 섬김, 비움과 나눔의 삶을 살게 한다.

셋째, 후회 없는 삶을 살게 한다. 갑작스럽게 죽음을 맞이하게 되면 삶을 정리하지 못하고 세상을 떠나게 된다. 그러면 남은 가족들에게 많은 짐을 남기게 된다. 그러므로 우리는 평소에 자신과 맺어진 여러 가지 관계들, 즉 하나님, 가족 및 이웃, 일, 소유물, 그리고 자신과의 관계를 생각하며 정리하며 살 수 있어야 한다.

죽음을 준비한 사람은 평소에 삶의 주도권을 하나님께 이전하고, 이웃을 사랑하고 섬기며 산다. 하나님 앞에서 자신에게 주어진 일에 최선을 다한다. 모든 것을 두고 떠날 것을 생각하며 선한 일에 가진 것을 나눈다. 그리고 지저분한 흔적을 남기지 않고 떠난다.

야곱의 신앙 유산

언젠가 왕년의 한 유명 가수가 "자식에게 공부는 시켜달라는 대로 시켜 주겠지만 돈은 한 푼도 물려주지 않겠노라"고 말을 했다. 그 이유는 "돈을 유산으로 남기면 100원을 주면 100원 만큼, 1억 원을 주면 1억 원 만큼 자식을 망친다"는 것이었다.

상속은 돈의 문제만이 아니다. 시각장애인이면서도 미국 올림픽 국가대표 역도선수를 거쳐 기업가로도 성공한 짐 스토벌은 우리가 진정으로 물려줘야 할 것은 돈만이 아니라 일과 친구, 배움과 고난, 가족과 웃음, 꿈과 사랑, 나눔과 감사여야 한다고 했다. 여기에 꼭 한 가지 더 물려줘야 할 것이 있다면 그것은 신앙이다.

신앙 유산을 생각할 때면 미국을 생각하게 된다. 미국 대통령들은 초대 대통령 때부터 지금까지 취임식 때마다 성경에 손을 얹고 "나는 미국 대통령의 직무를 성실히 수행하고, 최선을 다해 미국 헌법을 지지하고 수호하고 보호할 것을 엄숙히 맹세한다"고 선서를 한다. 그리고 자신이 좋아하는 성경 구절을 택해 취임 선서를 한 후, 성경에 입을 맞춤으로써 하나님의 말씀에 대한 경외심을 표한다.

미국의 역대 대통령 중에 존 F. 케네디만 유일하게 가톨릭 신자였고, 모두 개신교 신자였다. 미국은 청교도 신앙을 가진 조상들의 소중한 믿음의 유산을 물려받아 하나님의 복을 받았고, 오늘날 세계 최대 강국이 되었다. 달러를 보면 'In God We Trust'라고 쓰여 있다. 지폐에까지 하나님을 언급한 나라는 미국밖에 없다.

우리는 기독교 역사가 짧기 때문에 조상들로부터 물려받은 믿음의 유산들이 많지 않다. 그러므로 우리는 열심히 성경에서 믿음의 조상들이 남긴 영적 유산들을 찾아내 우리의 것으로 삼아야 할 것이고, 또 우리 자손들에게 믿음의 유산을 남길 수 있어야 한다.

그러면 험악한 나그네 인생을 살았던 야곱은 후손들에게 어떤 신앙의 유산을 남겨주었을까?

하나님의 섭리를 의지하는 신앙

야곱은 그의 아들들이 애굽에 양식을 사러 갔다가 그곳 총리의 명령으로 시므온을 인질로 남기고 다시 마지막 아들 베냐민을 데리고 오라는 엄한 명령을 받았다는 소식을 듣고 심히 슬펐다. 야곱은 아들들을 향하여 "너희가 나에게 내 자식들을 잃게 하도다 요셉도 없어졌고 시므온도 없어졌거늘 베냐민을 또 빼앗아 가고자 하니 이는 다 나를 해롭게 함이로다"(창 42:36)라고 탄식했다. 그러나 야곱은 그 후 모든 것을 하나님께 맡기게 되었다.

> "전능하신 하나님께서 그 사람 앞에서 너희에게 은혜를 베푸사 그 사람으로 너희 다른 형제와 베냐민을 돌려보내게 하시기를 원하노라 내가 자식을 잃게 되면 잃으리로다"(창 43:14).

'내가 자식을 잃게 되면 잃으리로다'는 말은 야곱이 온전히 모든 것을 하나님께 맡기는 신앙적 태도를 보여주는 것이다. 이것은 그의 험악한 세월을 통해서 빚어진 신앙의 자세였다. 옛날 그의 조부 아브라함이 이삭을 제물로 바치려 할 때에 그의 생명을 온전히 하나님께 맡긴 것과 같이 말년의 야곱도 사랑하는 자기의 두 아들의 생명을 모두 온전히 하나님께 맡겼던 것이다.

그 결과 야곱은 아들들을 잃지 않았을 뿐 아니라, 이미 잃었던 아들 요셉도 도로 찾게 되었다. 시므온도 돌아왔고, 요셉도 다시 찾았다. 믿음으로 모든 것을 하나님의 섭리에 맡기고 근심과 슬픔을 참아낸 야곱에게 하나님께서는 큰 위로와 기쁨을 허락해 주셨다.

우리의 생사화복이 하나님의 손에 달려 있다. 흥하고 망하는 것도, 성하고 쇠하는 것도 마찬가지이다. 하나님은 반드시 약속을 이루신다. 그러나 때가 되어야 한다. 그 때를 기다리지 못하고 하나님의 약속을 인간적인 방법으로 이루려고 하면 빠를 것 같지만, 오히려 늦어지게 된다.

우리는 하나님의 방법대로 살아야 한다. 내가 어떻게 해보려고 조바심내고 몸부림칠 것이 아니라, 야곱과 같이 '잃게 되면 잃으리라'는 자세로 하나님께 맡겨야 한다. 사업도 맡기고, 자식도 맡기고, 건강도 맡기고 하나님을 의뢰하면 하나님께서 책임져 주신다. 하나님의 방법은 늦은 것 같고 멀리 돌아가는 것 같아도 가장 빠른 길, 지름길이다.

하나님 앞에 먼저 제단을 쌓는 신앙

야곱은 죽은 줄로 알았던 사랑하는 아들 요셉이 대제국 애굽의 위대한 총리가 되었다는 소식을 듣고 요셉으로부터 부름을 받았을 때 그저 기뻐서 애굽으로 달려가지 않았다. 그는 먼저 하나님 앞에 제단을 쌓았다.

“이스라엘이 이르되 족하도다 내 아들 요셉이 지금까지 살아 있으니 내가 죽기 전에 가서 그를 보리라 하니라 …… 이스라엘이 모든 소유를 이끌고 떠나 브엘세바에 이르러 그의 아버지 이삭의 하나님께 희생제사를 드리니”(창 45:28–46:1).

이런 일은 젊은 시절의 야곱에게서는 찾아볼 수 없는 일이었다. 그는 오랜 나그네 생활과 험악한 세월을 보내면서 신앙의 훈련을 받았고, 모든 일에 먼저 하나님을 섬겨야 하고 하나님을 예배해야 할 것을 깨달았던 것이다.

영국의 청교도들은 신앙의 자유를 찾아 화란으로 갔다가 거기서도 자유롭지 못하여 아메리카 대륙으로 건너갔다. 그들의 목적은 분명했다. 하나님을 찾으러 간 것이다. 바르게 믿고 바르게 살려고 한 것이다. 그들은 미국에 도착하여 제일 먼저 교회를 세웠고, 그 다음 학교를 세웠고, 그리고 공회당을 지었다. 그러나 이보다 먼저 한 일이 있었다. 그들은 도착하자마자 사선을 넘어 도착한 그 땅에 키스하면서 ‘나의 하나님, 나의 하나님’하고 찬양을 드렸다.

그런데 이들은 아메리카에 도착하여 하나님을 찾기 전에 더 분명한 일을 했다. 그것은 67일 항해하는 동안 대서양 가운데서 주일을 성수했다는 것이다. 바다 가운데 닻을 내리고 주일을 지킨 신앙이 청교도들의 신앙이요, 그 신앙이 밑거름이 되어 오늘의 미국이 존재하게 된 것이다.

아무리 바빠도 중요한 일을 먼저 할 수 있어야 한다. 예수님은 "그런즉 너희는 먼저 그의 나라와 그의 의를 구하라 그리하면 이 모든 것을 너희에게 더하시리라"(마 6:33)고 약속하셨다.

하나님과의 관계에서 가장 우선되어야 하는 것은 예배다. 하나님을 우선으로 하면, 하나님은 우리의 모든 필요를 책임져 주신다.

심령의 눈으로 바라보는 신앙

야곱은 요셉의 두 아들에게 축복할 때에 작은 아들 에브라임에게 오른손을 얹고, 큰 아들 므낫세에게 왼손을 얹었다. 요셉이 "아버지여 그리 마옵소서"(창 48:18)하면서 아버지의 손을 바꾸려 할 때에 야곱은 허락지 않았다.

> "그의 아버지가 허락하지 아니하며 이르되 나도 안다 내 아들아 나도 안다 그도 한 족속이 되며 그도 크게 되려니와 그의 아우가 그보다 큰 자가 되고 그의 자손이 여러 민족을 이루리라 하고 그 날에 그들에게 축복하여 이르되 이스라엘이 너로 말미암아 축복하기를 하나님이 네게 에브라임 같고 므낫세 같게 하시리라 하며 에브라임을 므낫세보다 앞세웠더라"(창 48:19-20).

이것은 야곱의 신앙의 깊이와 성화의 수준이 어느 정도인지 보여주는 장면이다. 야곱은 말년에 눈이 어두워졌다. 그러나 야곱은 이삭과 같지 않았다. 비록 육신의 눈은 어두웠지만 영안은 밝아서 두 아들 중 누구에게 축복해야 할 것을 분명히 알았다.

말세가 되면 이 세상뿐 아니라, 영적 세계도 혼란스럽고 무질서하게 된다. 그래서 사람들은 이단 사설에 미혹을 당하고 믿음의 길에서 탈선하게 된다. 우리는 심령의 눈이 밝아서 올바른 판단과 올바른 선택을 할 수 있어야 한다.

하나님의 영광을 사모하는 신앙

요셉은 대제국 애굽에서 왕 다음 가는 권력자였다. 그러나 야곱은 요셉의 권세를 크게 생각하거나 기뻐하지 않았고, 요셉을 통하여 세상적인 부와 명예와 권력을 추구하지 않았다. 그가 크게 생각한 것은 하나님의 약속이었다. 야곱은 죽으면서 가나안 땅으로 돌아갈 것을 유언으로 남겼다.

> "이스라엘이 요셉에게 또 이르되 나는 죽으나 하나님이 너희와 함께 계시사 너희를 인도하여 너희 조상의 땅으로 돌아가게 하시려니와 내가 네게 네 형제보다 세겜 땅을 더 주었나니 이는 내가 내 칼과 활로 아모리 족속의 손에서 빼앗은 것이니라"(창 48:21-22).

야곱은 하나님의 약속을 상기시키면서 그 약속을 소망으로 삼고 살아 갈 것을 당부했다. 야곱은 애굽의 권세와 그 영화보다 하나님

나라의 언약의 나라 가나안을 더 사모했다. 야곱은 고난으로 점철된 험악한 세월을 통해 하나님의 나라와 영광을 사모하는 사람으로 변화되었던 것이다.

바울은 "위의 것을 생각하고 땅의 것을 생각하지 말라 이는 너희가 죽었고 너희 생명이 그리스도와 함께 하나님 안에 감추어졌음이라"(골 3:2-3), "우리의 시민권은 하늘에 있는지라 거기로부터 구원하는 자 곧 주 예수 그리스도를 기다리노니"(빌 3:20)라고 했다.

우리의 시민권은 하늘나라에 있다. 하늘나라 시민권 소유자라면 위의 것을 생각해야 한다.

이 세상 것은 유한하고 허무할 뿐이다. 아무리 좋은 것도 세월이 가면 깨어지고 낡아지고 사라진다. 영원하고 참으로 귀하고 소중한 것이 무엇인지 알았다면, 우리는 야곱처럼 장차 임할 하나님 나라를 사모하며 살아가야 한다.

성화된 자의 죽음

야곱은 굶주린 마음을 채우기 위해 집착하다가 험악한 인생을 살았다. 그러나 그는 말년에 현저하게 성화된 모습을 보여주었고, 인생은 나그네라는 교훈을 남겨주었다. 성경은 그의 마지막 모습을 이렇게 증거하고 있다.

> "그가 그들에게 명하여 이르되 내가 내 조상들에게로 돌아가리니 나를 헷 사람 에브론의 밭에 있는 굴에 우리 선조와 함께 장사하라 …… 야곱이 아들에게 명하기를 마치고 그 발을 침상에 모으고 숨을 거두니 그의 백성(열조)에게로 돌아갔더라"(창 49:29, 33).

야곱이 숨을 거두자 요셉은 부친에게 한 맹세를 근거로 장례식을 치렀다. 장례식에는 애굽의 주요 인물들이 대거 참여했을 뿐 아니라, 군대까지 동원된 일종의 국장으로 치러졌다(창 50:9).

야곱의 장례 행렬이 요단 강 건너편 아닷 타작마당에 이르렀을 때 요셉을 비롯한 모든 장례식에 참석한 사람들이 칠 일 동안 애곡했다. 이 모습을 지켜 본 가나안 원주민들은 그곳 이름을 '아벨미스라임', 즉 애굽 사람들의 큰 애통이라고 불렀다(창 50:10-11). 야곱의 아들들은 아버지의 유언을 좇아 아브라함과 이삭이 묻혀 있는 마므레 앞 막벨라 굴에 장사했다.

퀴블러 로스는 말기 환자가 죽음을 맞이하기까지의 과정을 5단계의 모델로 나누어 제시했다. 거부, 분노, 협상(타협), 우울(의기소침)의 단계를 거쳐 수용하게 된다는 것이다. 그리고 후에 또 하나 희망을 제시했는데, 알폰스 디켄 박사는 이를 여섯 번째 단계로 규정했다. 이 단계에서는 점점 다가오는 죽음을 수용할 뿐 아니라, 사후의 생명에 대한 희망과 기대를 품게 된다.

죽음을 맞이하는 여섯 가지 반응 가운데 첫 번째 부정의 단계에서 네 번째 우울의 단계까지는 인간적으로 충분히 성숙하지 못했다고 할 수 있지만, 다섯 번째 수용과 여섯 번째 희망의 단계는 인격적으로 성숙했음을 시사해주는 반응이라고 할 수 있다.

나는 일곱 번째 단계로 하나를 더 추가하고 싶다. 그것은 참된 안식과 쉼의 단계이다. 우리가 영원한 나라에 대한 소망을 가지고 있다면 죽음은 잠자는 것과 같은 것이고, 우리는 죽음을 두려움이 아닌 안식과 쉼으로 받아들일 수 있을 것이다.

죽기 전에 해야 할 일

1. 스스로 지혜롭다 하며 자신의 명철을 의지하면 결국 험한 인생을 살게 된다. 범사에 하나님을 인정하고 그분의 인도를 받으라.
2. 야곱은 험악한 인생, 고난의 삶을 살았다. 하지만 그는 총리로 성공한 아들 요셉의 권세를 이용하여 세상의 부와 권력을 탐하지 않았고, 하나님 나라와 영광을 사모하였다. 당신은 어떤 믿음의 유산을 남기고자 하는가?

Part 2

이스라엘의 지도자들

4

모세

– 위대한 영도자

뛰어난 카리스마를 가진 지도자들이 흔히 범하는 가장 큰 실수 중 하나는 자기가 없으면 아무 일도 안 되게 만드는 것이다. 일견, 자기가 없으면 아무 일도 진행이 안 되는 상태를 즐기기도 한다. 그들은 조직에서 최고로 각광받는 유일한 존재가 되기를 원한다. 많은 지도자들이 고의적으로, 또는 태만에 의해서 차기 지도자를 세우는 데 실패하고 있다.

그러나 모세는 차세대 지도자를 세우고 물러나는 일에 모범을 보여주었다. 이런 점에서 우리는 모세를 주목할 필요가 있다. 모세는 열 가지 재앙을 통해 애굽 왕 바로를 굴복시키고 애굽에서 종살이하던 200만의 이스라엘 민족을 이끌어 냈을 뿐 아니라, 역사상 최고의 법률과 도덕, 즉 십계명과 율법을 인간에게 주었던 세계적인 지도자였고, 예수 그리스도를 제외하고는 가장 위대한 선지자였다.

그러나 그 위대한 영도자 모세도 하나님께서 부르실 때는 떠나야 했다. 모세는 떠나기에 앞서 이스라엘 백성들에게 세 차례의 고별 설교를 통하여 자신이 떠난 이후를 대비했다. 그리고 후계자 여호수아에게 지도자의 자리를 넘겨주었다.

지도자의 갑작스런 죽음으로 인해 리더십의 공백이 생기고 위기가 다가올 때가 있다. 그러나 모세가 세상을 떠난 후 지도력의 공백으로 인한 문제는 야기되지 않았다. 오히려 모든 일이 잘 진행되었다. 이는 오랫동안 시종으로서 모세를 보고 배우며 훈련을 받은 차기 지도자 여호수아가 있었기 때문이었다.

일생을 통하여 이스라엘 민족을 구원하고 이끌었던 모세의 인생 여정과 그의 죽음 준비와 마지막 모습은 우리 모두에게, 특별히 지도자의 자리에 있는 사람들에게 큰 교훈을 주고 있다.

모세의 인생 여정

나일 강에 버려진 아기 때부터 그의 죽음까지 추적해보는 일은 대단히 흥미로운 일이 아닐 수 없다. 모세의 인생은 40년씩 세 시기로 구분된다. 첫 번째 40년은 애굽의 왕자로서 애굽의 모든 학술을 배우는 기간이었다. 두 번째 40년은 미디안 광야에서 신앙의 겸손과 미덕을 배우는 기간이었다. 세 번째 40년은 이스라엘 민족의 지도자로서 쓰임 받는 기간이었다.

애굽에서의 40년

모세가 태어난 때는 그의 조상 야곱이 70명의 가족을 이끌고 애굽으로 이주한 지 350년이 지난 후였다. 이때는 벌써 애굽의 백성들이 자기들의 조상과 나라를 위기에서 구해 준 요셉을 잊어버리고 자기 나라 안에서 늘어나고 있는 이스라엘 민족에 대한 미움과 멸시가 심한 때였다.

모세는 이런 민족 수난기에 태어났다. 모세는 당연히 죽을 수밖에 없었다. 그러나 이스라엘 민족을 구원하고자 하시는 하나님의 섭리와 역사로 모세는 바로 공주의 양자가 되어 애굽의 궁전에서 씩씩하고 아름답게 성장했다.

사도행전을 보면, 스데반은 설교 중에 모세의 생애를 요약하고 있는데 22절을 보면 "모세가 애굽 사람의 모든 지혜를 배워 그의 말과 하는 일들이 능하더라"(행 7:22)고 했다. 모세를 데려다 키운 바로 공주는 애굽 제18왕조 세 번째 계승자인 핫셉투스의 무남독녀였다. 그러므로 물에서 건져내어 양자로 키운 모세를 핫셉투스가 얼마만큼 정성을 쏟았을지 짐작할 수 있다.

모세는 애굽에서 바로의 유력한 계승자로서 조직적인 훈련을 받았고 애굽 군대의 장으로서 활약하기도 했다. 모세는 당시 세계에서 최대 강대국이었던 애굽을 이끄는데 필요한 모든 것을 배웠다. 모세는 어디다 내어 놓아도 부족함이 없는 사나이가 되었다.

모세가 40세가 된 어느 날, 그는 그의 형제 이스라엘을 돌아볼 생각을 하게 되었다. 그는 동족 이스라엘 사람들이 일하는 곳으로 가보았다. 이유 없이 억압받는 동족을 보면서 모세의 가슴 속의 정의감과 애국심, 그리고 분노가 한 덩어리가 되어 폭발하고 말았다. 모세는 혈기를 참지 못하고 자기 민족을 학대하는 애굽인 감독을 단번에 때려눕히고 모래 속에 암매장했다.

모세의 이와 같은 행동은 부귀와 영광이 보장된 애굽의 궁전 생활과 이스라엘 민족이 받고 있는 고통 사이에서 자기 동족인 이스라엘을 선택하는 결단을 보여 준 것이었다. 즉, 모세가 애굽인을 죽인 것은 고통 받는 민족에 대한 구원자로서의 행동이었다.

성경은 "그는 그의 형제들이 하나님께서 자기의 손을 통하여 구원해 주시는 것을 깨달으리라고 생각하였으나 그들이 깨닫지 못하였더라"(행 7:25)고 했다. 모세는 자신을 이스라엘 민족을 구원할 대단한 존재로 생각했다.

여기에 문제가 있었다. 모세는 애굽의 궁중에서 인간적으로 준비되었을지는 몰라도 하나님의 그릇으로는 준비되지 못했다. 하나님께서는 자기 스스로 할 수 있다고 생각하는 사람은 쓰시지 않는다.

하나님의 영광을 나타낼 수 없기 때문이다.

이튿날 모세는 다시 일터로 나가보았다. 이번에는 이스라엘 사람들끼리 다투는 것을 보았다. 모세는 그들의 지도자인 것처럼 나서서 싸움을 말렸다.

"당신들은 한 형제 아닙니까? 그런데 왜 서로 물고 뜯고 합니까?"

그러자 자기 동료를 학대하던 사람이 모세를 떠밀며 "누가 당신을 우리의 지도자나 재판관으로 세웠단 말이요? 어제는 애굽 사람을 죽이더니 오늘은 나를 죽일 셈이요?"라고 대들었다.

이 말을 들은 모세는 애굽 궁중에서 뛰쳐나와 미디안 광야로 도피했다. 모세는 한순간의 실수로 살인자가 되었다. 그의 살인은 단순한 살인이 아니라 민족적 문제, 더 나아가 정치적인 반역이 되기 때문에 모세는 더 이상 궁중에 머물 수 없게 되어버렸던 것이다.

우리는 이러한 모세의 행동을 통해서 무엇을 배워야 할까?

하나님의 인도를 받기 전에 함부로 덤벼서는 안 된다. 모세의 행동은 먼저 하나님께로부터 어떤 권위를 부여받기 전에 취했던 조급한 행위였다. 성경은 "범사에 기한이 있고 천하 만사가 다 때가 있나니"(전 3:1)라고 말씀하고 있다. 예수님도 때가 되매 오셨고, 선구자 요한이 나타나기까지 30년을 준비하며 때를 기다렸고, 공생애의 마지막 준비였던 광야의 시험도 성령의 인도에 의한 것이었다.

또한 우리는 모세를 통해서 내가 이만하면 무엇이든지 할 수 있다는 인간적인 자만심이 실패의 요인이 된다는 것을 배워야 한다.

겸손한 사람이 하나님께 쓰임을 받는다. 우리는 큰소리 치기에 앞서 우리 자신이 누구인가를 분명히 알아야 한다. 자신을 모르면 교만하게 되고, 자신을 알면 겸손하게 된다.

광야에서의 40년

모세는 우발적 살인 사건으로 말미암아 40년간 닦고 쌓아올린 궁중의 모든 것을 단번에 잃어버리고 말았다. 그래서 그는 모든 것을 접고 발길을 돌려 미디안 광야로 들어갔다.

모세의 광야 생활은 인간적인 실수로 인한 것이지만, 그 가운데 하나님의 뜻과 계획이 있었다. 그동안 모세는 세상적이고 인간적인 준비를 위해 40년의 세월을 보냈다. 그러나 내적이고 영적인 준비가 필요했기에 하나님은 그를 광야로 내몰았던 것이다.

광야는 황량한 벌판이다. 나무도 없고, 그늘도 없으며, 낮에는 더위가 심하고, 밤에는 기온이 급강하하여 추위가 심한 지역이다. 어느 정도 목축이 가능하기는 하지만, 사람 살기는 어려운 곳이다. 화려한 왕궁 생활을 하던 모세에게 광야 생활은 생소하고 힘들었다. 또한 사람들의 이목과 갈채를 받던 모세에게 광야 생활은 참으로 고독했다. 그는 목자로서 그의 장인 이드로의 양떼를 치면서 무수히 많은 시간을 홀로 지내며 깊은 고독을 경험했다.

모세가 미디안에 온 지도 어느덧 40년의 세월이 흘렀다. 성경은 "사십 년이 차매"(행 7:30)라고 했다. 이 말씀은 모세의 광야 40년 생활이 모세를 준비시켜 쓰시고자 하셨던 하나님의 훈련 계획 속에 있었다는 것을 말해주는 것이다. 마침내 하나님께서 정하신 때가 이르렀던 것이다.

어느 날 모세는 호렙 산에 이르렀다가 아주 놀라운 광경을 목격하게 되었다. 떨기나무에 불이 붙었는데 신기하게도 나무가 타들어가지 않았다. 떨기나무는 시내광야에서 흔히 볼 수 있는 아카시아 종류의 잡목이다.

떨기나무는 애굽에서 노예생활을 하고 있는 이스라엘 민족을 상징한다. 떨기나무에 불이 붙은 것은 이스라엘의 수난을 의미하며, 그 불꽃 가운데서도 그것이 타지 않는 것은 이스라엘 백성들이 수난 가운데서도 망하지 않는 것을 의미한다. 이 불가사의한 사건은 모세를 불러서 사명을 주시기 위한 하나님의 자기 계시의 한 방편이었다.

떨기나무를 통해 나타나신 하나님께서는 모세를 향해 "너는 가서 내 백성 이스라엘 자손을 애굽에서 건져내라"고 사명을 주셨다.

모세는 물었다. "제가 무엇이관대 감히 바로에게 가서 이스라엘 백성을 건져내겠습니까?" 모세는 지극히 겸손해졌다.

40년 전에 스스로 이스라엘의 구원자로 나섰던 모세는 미디안 광야에서의 40년 생활을 통해서 자기의 모습을 정확히 볼 수 있는 사람으로 변화되었던 것이다. 모세의 고백은 거짓으로 겸손한 척하는 것이 아니라 솔직한 자기 고백이었다.

이처럼 광야는 자신을 발견하는 장소요, 하나님을 발견하는 장소요, 또한 사명을 발견하는 장소이다. 시끌벅적한 군중 속에서, 번쩍이는 네온사인 속에서, 마음을 빼앗기는 텔레비전 앞에서는 결코 하나님의 음성을 들을 수 없다.

그러므로 우리는 새로운 일을 시작하기 전에 홀로 있는 시간과 침묵의 시간을 갖고 자기 자신을 돌아보아야 한다. 하나님의 광야 훈련은 내면의 성찰을 통해서 우리 자신이 얼마나 약하고 무가치한가를 발견하고 겸손하도록 하는데 있다. 그리고 하나님이 누구시며, 하나님의 능력이 얼마나 크신가를 체험하도록 하시기 위한 것이다.

우리는 어떤 새로운 일을 추진할 때 이 사람, 저 사람을 찾아다니며 의견을 듣는다. 하지만 그보다 먼저 해야 할 일은 한적한 곳에 나가서 조용히 하나님 앞에 무릎을 꿇는 일이다.

예수님께서도 공생애를 앞두고 광야로 가셨다. 바울도 다메섹 체험 이후 아라비아 광야로 가서 3년을 지냈다. 기독교 역사에서 장구한 세월동안 영성적인 삶을 추구하는 사람들은 고독 속에서 하나님을 경험하기 위해 일부러 거친 사막이나 깊은 산속 같은 외진 곳을 찾았던 것이다.

사람을 만나고, 많은 이야기를 하고, 많은 일을 하면서도 문득 내 마음의 한구석에 채워지지 않은 빈자리가 있음을 느끼는가? 그 자리는 하나님으로 채워져야 한다. 슬프도록 외로운가? 군중 속의 고독을 느끼는가? 그 고독은 영혼의 고독이다. 하나님이 없기 때문에 느끼는 허무의 감정이다. 그 고독은 하나님을 만나야 해결이 된다.

고독이 나쁜 것만은 아니다. 오히려 우리는 하나님 앞에서 홀로 있는 시간을 가져야 한다. 광야에서 깊은 고독과 외로움 속에서 자신의 모습을 발견했던 모세처럼 우리도 고독한 자리를 영적 성장의 기회로 삼아야 한다. 고독을 두려워하지 말아야 한다.

광야에 홀로 남겨진 듯한 고독의 시간을 견디고 있는가? 그 시간이 바로 은혜의 시간, 주님과의 독대의 시간임을 알라.

지도자로서의 40년

하나님은 모세의 인생의 절정기인 40세부터 80세까지 40년간을 광야에서 보내도록 하셨다. 인간 편에서 볼 때 광야의 기간은 헛되이 버려진 세월과 같았다. 그러나 하나님께 있어서 그 기간은 그릇을 준비하는 기간이었다.

모세가 하나님께 부름을 받은 당시 모세의 상황은 절망적이었다. 이제는 노인이 되었고, 옛날의 지위를 잃어버린 한낱 무명의 목자로 전락해 있었던 것이다. 젊음도, 패기도, 꿈도 한낱 추억거리에 지나지 않게 되었다. 그러나 모세는 광야에서의 훈련과 시내 산에서의 하나님과의 만남을 통해 자신은 아무것도 아니지만 하나님께서 함께 하시면 모든 것을 할 수 있다는 사실을 깨달았다. 이 깊은 깨달음을 얻기까지 모세는 무려 40년간의 세월을 보내야 했다.

모세는 하나님이 나와 함께 하시면 모든 것을 할 수 있다는 믿음으로 애굽 왕을 향해 나아갔다. 모세가 늙고 허름한 차림으로 애굽의 왕 바로에게 나아가서 "하나님의 백성을 내 놓아라 우리가 하나님을 섬길 것이다"라고 했을 때 바로 왕은 모세를 어떻게 대했는가?

힘도 없는 늙은이가 어디에 와서 큰소리를 치느냐고 비웃었다. 그러나 모세의 손을 통해 재앙들이 쏟아지고, 마지막 장자의 죽음 재앙이 다가오자 바로는 기겁을 하고 모세 앞에 무릎을 꿇고 말았다. 마침내 모세는 하나님의 능력으로 200만 이스라엘 민족을 바로의 손에서 구원해 낼 수 있었다.

모세는 120세에 부름을 받기까지 이스라엘 민족의 지도자로서 애굽과 홍해와 광야에서 지팡이 하나만을 가지고 40년간 기사와 표적을 행했다. 모세는 마지막 40년의 삶을 통해 더욱 더 하나님께서 아무것도 아닌 자를 붙들어 쓰신다는 사실을 깨닫게 되었던 것이다.

자신을 바라볼 때 아무것도 아니라는 생각이 드는가? 하나님께서 작정하시면 떨기나무도 쓰임을 받고 마른 막대기도 쓰임 받게 된다.

모세는 처음 40년을 자신이 대단한 존재라고 생각하며 살았다. 그 다음 40년은 자신이 쓸모없는 존재임을 깨달으며 살았다. 그리고 마지막 40년은 하나님께서 쓸모없는 존재라 할지라도 하나님의 손에 붙들리면 능력의 도구로 쓰임 받을 수 있다는 사실을 친히 경험하며 살았다.

지금 당신은 어느 자리에 있는가? 애굽의 왕궁인가? 아니면 광야인가? 하나님의 방법은 언제나 동일했다. 하나님께서는 할 수 있다고 하는 자들을 물리치시고, 광야의 경험을 통해 자신의 모습을 발견하고 하나님 앞에 겸손한 자, 순종하는 자를 사용하신다.

모세의 죽음 준비

우리의 삶은 출생으로 기억되는 것이 아니라 죽음으로써 기억된다. 죽음은 인생을 종결짓는 마지막 대단원이다. 아무리 잘 살았다고 하더라도 인생의 마지막을 아름답게 장식하지 못하면 그의 삶까지도 격하되고 만다. 종종 지도자들이 떠나고 나면 온갖 부정부패가 드러나서 생전의 업적까지 퇴색되는 경우가 있다.

그러나 모세는 살아 있을 때 뿐 아니라 죽음을 맞이하는 순간에도, 그리고 그가 이 땅을 떠난 이후에도 변함없이 위대한 사람으로 인정받았다. 머물다 간 자리가 지저분하면 다음 사람에게 욕을 먹게 된다. 그러나 모세의 머문 자리는 아름다웠다. 그리고 그가 떠난 자리도 여전히 아름다웠다.

하나님의 뜻

시편의 150편 시 가운데 모세가 쓴 시가 한 편 담겨 있다. 바로 90편이다. 이 시에서 모세는 "우리의 연수가 칠십이요 강건하면 팔십이라도 그 연수의 자랑은 수고와 슬픔뿐이요 신속히 가니 우리가 날아가나이다"(시 90:10)라고 고백했다.

여기서 우리는 당시 사람들의 평균 수명이 70세 정도였던 것을 알 수 있다. 그런데 모세는 120세까지 살았다. 성경은 그가 세상을 떠날 때까지 눈이 흐리지 아니하였고 기력이 쇠하지 않았다고 전하고 있다(신 34:7). 모세는 늙어 쇠약해 죽은 것이 아니라, 하나님의 뜻에 따라 죽은 것이다. 모세는 사명을 마치면서 죽음을 맞이하게 되었다.

모세의 죽음은 인간의 삶과 죽음이 사명에 달려 있음을 가르쳐 주고 있다. 사명은 우리가 존재하는 이유이고 목적이다.

벤자민 프랭클린은 "하나님이 내게 맡기신 일이 남아 있는 한, 나는 죽을 수 없다"라고 했고, 데이비드 리빙스턴은 "사명이 끝나기 전에는 죽지 않는다"라고 했다. 사명이 있으면 하나님께서 이 땅에 남겨 두시고 사명이 끝나면 데려가신다. 일찍 사명이 끝날 수도 있다. 예수님은 3년 반의 공생애를 통해 사명을 마치고 가셨다. 스데반 집사는 첫 순교자로서의 사명을 마치고 세상을 떠났다.

병이 났을 때 우리는 온갖 수단을 동원하여 질병을 치료해야 한다. 이것은 생명에 대한 인간의 의무이다. 그러나 중한 병에 걸리면 그때는 하나님께서 부르시는 줄 알고 생에 대해서 아쉬워하지 말고 가야 한다.

하나님은 모세의 사명을 이스라엘 백성을 요단 강 앞까지 인도하는 것으로 한정하셨다. 그 이후는 여호수아의 몫이었다. 사람들은 그가 왜 약속의 땅 가나안을 점령하는 일에 참여하지 못하고 죽게 되었는지 그 이유를 궁금해 한다.

우리는 그 직접적인 원인을 민수기 20장에 기록된 므리바 사건에서 찾을 수 있다. 백성들의 계속되는 불평에 화가 난 모세는 반석을 명하여 물을 내라는 하나님의 명령을 거역하고 지팡이로 반석을 쳐서 물을 냈다.

애굽에서 이스라엘 백성들을 이끌어 낸 것은 모세가 아니었다. 홍해를 가른 것도 모세가 아니었다. 광야에서 이스라엘 백성들을 이끈 것도 모세가 아니었다. 모세는 단지 하나님의 음성을 듣고 그 말씀에 순종하고 따랐을 뿐이다. 모든 것이 하나님의 은혜였다.

그런데 모세는 므리바에서 잠시 자신이 하나님의 도구라는 사실을 망각하고, 이스라엘 백성들 앞에서 하나님의 거룩함을 나타내지 못했다. 이 사건으로 인해 모세는 그토록 소망했던 가나안을 바라보기만 했을 뿐 들어가지 못했다.

사람들은 하나님께서 모세의 실수를 왜 그토록 엄하게 다루시는지 이해하지 못하고 의아해 한다. 모세의 실수는 한 번의 실수였지만, 결정적인 실수였다. 이스라엘 백성들에게 있어서 모세는 신적인 존재였기 때문에 그의 행동은 하나님 이해와 직결되었다. 이런 점에서 모세의 실수는 결코 용납될 수 있는 실수가 아니었다.

미국 드류대 석좌 교수인 레버드 스위트는 오랫동안 서구 교회가 예수 그리스도를 앞지르는 기독교가 되려 한다고 지적했다. 예수님보다 앞서려는 교회, 성경보다 앞서려는 신학, 이웃보다 앞서려는 자신, 자연보다 앞서려는 과학 등이다.

하나님을 앞서는 일은 대단히 위험한 일이다. 그 결과가 아무리 그럴 듯하게 보여도 하나님, 그리고 예수 그리스도가 우선되지 않는다면 그것은 하나님께 인정받을 수 없다. 하나님께서는 광야에서 구름기둥을 통해서 하나님과 동행하는 삶이 어떠한 것인지 가르쳐 주셨다.

> "구름이 성막 위에서 떠오를 때에는 이스라엘 자손이 그 모든 행진하는 길에 앞으로 나아갔고 구름이 떠오르지 않을 때에는 떠오르는 날까지 나아가지 아니하였으며 낮에는 여호와의 구름이 성막 위에 있고 밤에는 불이 그 구름 가운데에 있음을 이스라엘의 온 족속이 그 모든 행진하는 길에서 그들의 눈으로 보았더라"(출 40:36-38).

가나안 땅에 들어갈 수 없다는 하나님의 말씀에 모세는 순종했다. 만약에 모세가 하나님의 뜻을 거절하고 '내가 얼마나 고생했는데 하나님이 이러실 수 있느냐, 난 억울해서 못 죽는다!'고 저항했다면 그의 최후가 얼마나 비참했겠는가? 이스라엘 백성이 가나안에 들어가는데 걸림돌만 됐을 것이다. 그런데 모세는 이의 없이 하나님의 뜻에 따랐다. 더 이상 기도하지도 않았다.

내게 아직은 능력이 있는 것 같고, 그래서 더 큰 일을 해 낼 것 같아도 하나님이 허락하시지 않는 일이 있다. 나는 정말 하고 싶지만, 하나님께서 막으시는 일이 있다. 하나님께서 막으시는데 모든 수단과 방법을 동원해서 그 일을 이루려고 한다면, 결국에는 추한 모습만 남기게 될 것이다.

나는 폐암 선고를 받았을 때 억울한 생각이 들었다. 온갖 고생을 무릅쓰고 교회 없는 마을에 힘겹게 교회를 개척하고, 이제 목회 할 만 했기 때문에 데려가시려는 하나님이 원망스러웠다. 그러나 죽기를 작정하고 마음을 비우고 떠날 준비를 하자 하나님께서 다시 살게 하셨다. 죽음을 맛본 지금은 하루하루 덤으로 사는 인생을 살고 있다.

천국이 있다고 믿는다면 살려 달라고 매달릴 필요가 없다. 조금 더 살아봐야 뭐하겠다고 그렇게 집착을 하는가? 우리가 사모하는 하나님 나라에 들어가려면 반드시 죽음이라는 과정을 거쳐야 한다. 그러므로 안 죽으려고 헛고생하지 말고 잘 죽으려고 노력해야 한다. 삶이 하나님의 은혜이듯이, 죽음도 하나님의 은혜이다.

모세의 죽음이 부모나 남편과 아내, 자녀를 잃은 사람들에게 위로가 될 수 있는 이유는 그가 우연히 병들어서, 늙어서 죽은 것이 아니기 때문이다. 비록 의외의 죽음을 맞이하고 그 죽음의 의미를 미처 깨닫지 못할지라도 하나님께서 우리 인간의 생사화복을 주장하시는 분이심을 인정한다면 받아들여야 한다.

우리 시대의 영적 거인 중의 한 사람이었던 마틴 로이드 존스는 런던에 있는 웨스트민스터 채플 강단에서 오랫동안 봉직하다가 1981년 82세에 암과 투병하다가 하나님의 부르심을 받았다.

그의 죽음이 다가오자 그의 가족들이 영국 전역에서 그의 임종을 지켜보기 위해 찾아왔다. 말할 힘조차 없던 그는 아내의 손바닥에 이렇게 적어 내려갔다. "나의 치유를 위해 기도하지 마시오. 내 영광의 순간을 가로막지 마시오."

주 안에서 죽는 자들은 복이 있다(계 14:13). 그리스도인은 소망 없는 자들처럼 죽음 앞에서 두려워 떨지 말아야 한다. 모세가 하나님께서 정하신 죽음에 순종한 것처럼, 우리도 하나님의 부르심에 순종할 때 우리의 죽음은 아름답게 장식될 수 있다.

후계자 선정

미국의 32대 대통령을 지낸 프랭클린 루스벨트는 역대 대통령 중에서 유일하게 네 차례 대통령에 당선되었다. 그런데 4선이 되었을 때 그의 건강 상태는 매우 좋지 않았다. 주변의 사람들은 그가 임기를 마칠 수 없을 것이고 불가피하게 해리 트루먼 부통령에게 대통령직이 넘어가게 될 것이라고 예상했다.

그 무렵 미국은 역사상 가장 중대한 고비를 맞고 있었다. 세계 최초의 핵폭탄이 거의 완성 단계에 있었고, 그것의 사용 여부를 두고 대통령의 결정이 필요하게 될 상황이었다. 제2차 세계대전으로 유럽은 폐허가 돼 있었고, 연합국 열강들은 패전 국가들을 어떻게 처리해야 할지도 결정해야 했다. 소련은 공산주의를 전 세계에 퍼뜨리면서 초강대국으로 떠올랐다.

루스벨트가 자리를 비우게 될 때 트루먼은 수많은 중대한 결정을 해야 했다. 하지만 루스벨트는 부통령 트루먼에게 정황을 알린 적이 한 번도 없었다. 트루먼이 부통령으로 지낸 86일 동안 루스벨트는 짤막하게 두 차례 그를 만났을 뿐이었다.

다행히 트루먼 대통령이 큰 실수 없이 문제를 해결해 나갈 수 있었지만, 미리 준비되었더라면 더 나은 판단과 결과를 기대할 수도 있었다. 헨리 블랙커비(Henry Blackaby)는 「영적 리더십」에서 이러한 루스벨트에 대해서 "그는 후계자를 키우는데 실패했고, 그 점에서 그는 실패한 리더였다"라고 평가했다.

지도자는 후계자를 세우는 일로써 성공 여부가 평가된다. 모세는 대단한 사람이었지만 자신이 떠날 때를 알고 떠났기에 여호수아와 같은 후계자를 세울 수 있었다. 모세는 생애의 마지막 해에 자신의 자리를 대신할 후계자를 세우기에 앞서 하나님께 기도했다.

> "여호와, 모든 육체의 생명의 하나님이시여 원하건대 한 사람을 이 회중 위에 세워서 그로 그들 앞에 출입하며 그들을 인도하여 출입하게 하사 여호와의 회중이 목자 없는 양과 같이 되지 않게 하옵소서"(민 27:16-17).

모세가 지도자를 위해서 기도했을 때 하나님께서 말씀하셨다.

> "여호와께서 모세에게 이르시되 눈의 아들 여호수아는 그 안에 영이 머무는 자니 너는 데려다가 그에게 안수하고 그를 제사장 엘

르아살과 온 회중 앞에 세우고 그들의 목전에서 그에게 위탁하여 네 존귀를 그에게 돌려 이스라엘 자손의 온 회중을 그에게 복종하게 하라"(민 27:18-20).

모세는 여호수아를 후계자로 생각했지만, 최종적으로 하나님의 뜻을 물었다. 그러자 하나님께서는 여호수아를 '그 안에 영이 머무는 자'라고 인정하시고 그에게 모세의 자리를 넘겨주도록 하셨다. 모세는 40년 동안 이스라엘 민족의 지도자로서 주어진 사명을 충성스럽게 감당했을 뿐 아니라, 여호수아에게 완벽하게 지도자의 자리를 넘겨줌으로써 지도력의 공백이 없도록 했다.

모세의 뒷모습

"사람이 떠나갈 때는 뒷모습이 아름다워야 한다"는 말이 있다. 뒷모습에는 삶의 이면이 배어 있다. 앞은 겉모습이요, 뒤는 참모습이다. 뒷모습을 보아야 진정한 모습을 알 수 있다. 사람의 뒷모습이 아름다우려면 머물다 간 자리가 깨끗하고 아름다워야 한다.

우리가 흔히 대하는 앞모습은 요란한 화장과 치장으로 가득하지만, 뒷모습은 진실하다. 가식과 과장과 허세가 없다. 부모에게 걱정을 끼치지 않으려고 당당한 모습을 보이던 자녀가 돌아서서 갈 때, 부모는 그 뒷모습을 보면서 그 모습이 진실인지 아닌지 느낄 수 있다.

아마 누군가의 뒷모습이 우리의 마음을 사로잡는 이유는 그 진실성 때문일 것이다. 앞모습은 말과 수식으로 가득하지만, 뒷모습은 말이 없다. 그러나 그 말없는 뒷모습이 정녕 더 많은 의미를 전하기도 한다.

모세는 비록 힘이 남아 있었지만, 지도자의 자리에서 내려와 여호수아에게 지도력을 이양하고 죽음을 맞기 위해 홀로 산으로 올라갔다. 이스라엘 백성들은 그의 뒷모습에서 무엇을 느꼈을까? 그의 뒷모습은 분명 쓸쓸했다. 그러나 한편으로, 마지막 순간까지 사명을 위해 살다가 귀환하는 자의 거룩함이 담겨 있었다.

세상을 떠날 때 대개는 사랑하는 가족이나 다정한 친구들이 지켜보는 가운데 임종을 맞이한다. 그러나 모세는 홀로 하나님께서 지정하신 여리고 맞은편 아바림 산으로 올라갔다. 그리고 아무도 없는 그곳에서 세상을 떠났다.

나는 폐암 선고를 받고 떠날 준비를 하면서 추한 흔적들을 남기고 싶지 않았다. 나에게 있어서 죽음 준비는 내가 머물렀던 자리를 깨끗하게 정리하는 일이었다. 그 과정에서 죽음의 길은 누구도 같이 갈 수 없는 고독하고 외로운 길임을 경험했기에 조금이나마 모세의 심정을 헤아려 볼 수 있다.

죽음의 길은 누가 곁에 있든지 없든지 간에 죽음의 길은 혼자 가는 길이다. 아무리 헌신적인 아내와 남편이라고 해도 그 길을 같이 갈 수 없다. 우리는 모세처럼 홀로 죽음의 길을 걸어가야 한다. 이것이 우리가 기억해야 할 죽음의 현실이다.

모세의 장례식

사람은 누구나 나름대로 영향력을 가지고 있다. 그의 영향력은 그가 자리를 비웠을 때 더 크게 느껴진다. 당신이 떠난 이후의 상황을 상상해 보았는가? 나의 장례식에 누가 참석할 것 같은가? 그리고 무슨 말들을 할 것 같은가? 내가 끼친 영향력이 선함으로 인해 사람들이 나의 떠남을 아쉬워하고 그리워할 수 있어야 한다.

모세가 얼마나 대단한 인물이었는지는 여호수아 1장을 보면 알 수 있다. '모세가 죽은 후에'라는 말이 일곱 번 나오고 있다. 그의 영향력은 상상보다 컸다. 모세는 죽고 나서도 영향력을 끼친 불세출의 지도자였지만, 하나님께서는 이스라엘 백성들의 마음과는 상관없이 모세를 데리고 가셨다. 이것은 아무리 위대한 인물이라도 단지 하나님의 도구일 뿐임을 가르쳐 주는 것이다.

모세는 워낙 대단한 지도자였기 때문에 그가 죽어 무덤이 만들어졌다면, 그것은 우상시 되었을 가능성이 높았다. 그래서 하나님께서는 모세의 장례식을 사람들에게 맡기지 아니하시고 몸소 모세의 장례식을 치르셨다.

"이에 여호와의 종 모세가 여호와의 말씀대로 모압 땅에서 죽어

벳브올 맞은편 모압 땅에 있는 골짜기에 장사되었고 오늘까지 그의 묻힌 곳을 아는 자가 없느니라"(신 34:5-6).

성경학자들은 모세가 변화 산에서 엘리야와 함께 나타난 점, 마태복음 17:1-10과 유다가 언급한 내용 유다서 1:9을 근거로 모세가 엘리야처럼 승천하였다고 추정하기도 한다.

하나님께서는 모세를 일생동안 돌보셨고, 또 그의 죽음까지 돌보셨다. 이러한 모세의 하나님은 곧 우리의 하나님이시다. 하나님께서는 죽음의 자리에서도 우리를 사랑하시고 돌보신다. 하나님께서는 일생 동안 우리에게 성실하실 뿐 아니라, 죽음에 이르러서도 우리에게 성실하시다.

모세의 묘비명

하나님께서 모세의 장례식을 직접 치름으로 인해 모세는 무덤이 없었고, 기념물도 없고, 묘비조차도 세워지지 않았다. 비록 모세의 무덤이나 묘비는 남아 있지 않지만, 그의 업적을 기리는 비문은 신명기 마지막에 기록되어 있다.

"그 후에는 이스라엘에 모세와 같은 선지자가 일어나지 못하였나니 모세는 여호와께서 대면하여 아시던 자요 여호와께서 그를 애굽 땅에 보내사 바로와 그의 모든 신하와 그의 온 땅에 모든 이적과 기사와 모든 큰 권능과 위엄을 행하게 하시매 온 이스라엘의 목전에서 그것을 행한 자이더라"(신 34:10-12).

이 내용은 모세가 떠난 이후 하나님께서 친히 영감으로 기록하게 하셨다. 묘비문은 한 사람의 삶의 정수를 보여주는 짤막한 표현이다. 모세는 두 가지 면에서 특별했다. 하나는 그가 하나님을 대면했다는 것이고, 또 하나는 온 땅에 하나님의 권능을 나타낸 것이다.

"당신이 세상을 떠났을 때 사람들이 당신에 대해 어떻게 말하는지 알고 싶다면, 스스로 묘비문을 미리 써놓고 거기에 따라 살도록 하라"는 말이 있다. 대개 묘비문은 다른 사람들에 의해 만들어지지만, 본인이 직접 만드는 경우도 있다.

미국 노스캐롤라이나에 빌리 그래함 기념관이 있다. 기념관 입구 좌편에 2007년 6월 14일에 세상을 떠난 빌리 그래함의 아내 루스 그래함의 묘지가 있다. 그녀의 묘지는 평범했지만, 묘비는 특별하다. 묘비에는 다음과 같이 기록되어 있다.

"공사, 끝! 그동안 참아주셔서 감사합니다."

빌리 그래함 목사님의 집 근처에는 대규모 공사를 하느라고 항상 "공사 중, 통행에 불편을 드려 죄송합니다"라는 팻말이 붙어 있었다고 한다. 그런데 그 공사가 끝나고 나서 그곳을 지날 때 "공사 끝, 그동안 참아주셔서 감사합니다"라는 팻말이 붙어 있었는데, 루스 그래함 사모는 그것을 보고, 남편인 빌리 그래함 목사에게 "여보, 이 다음에 내가 죽거든, 내 묘비명에 저 글귀를 사용해 주세요"라고 했다는 것이다.

죽음을 초연하게 받아들이기 위해서는 평상시에 죽음이라는 친구와 대화를 나누는 일이 필요하다. 언제, 어디서, 어떻게 다가올지 모르는 죽음을 생각하면서 지금까지 살아온 날들을 들여다보는 것이다. 예를 들어, 자신이 죽게 될 나이를 가상으로 정해서 출생부터 무덤에 묻히는 순간까지 삶을 어떻게 살았는지 사색해보고, 그것을 압축하여 묘비문으로 작성해 보는 것이다.

폴 J. 마이어(Paul J. Meyer)는 「성공을 유산으로 남기는 법」이라는 책에서 "나는 어떻게 기억되고 싶은가? 이 질문에 대한 대답이 바로 당신의 유산이 될 것이다"라고 말했다.

당신의 묘비에는 어떤 글이 적히기 원하는가?

죽기 전에 해야 할 일

1. 모세는 이스라엘 민족을 구원으로 이끈 위대한 영도자로서 말년에는 자신이 떠난 이후의 일도 세 차례 고별 설교를 통해 대비했다. 당신도 이 땅을 떠나기 전에 모세가 대비했던 것처럼 무엇을 어떻게 대비할 것인가?
2. 죽음의 길은 혼자 가는 길이다. 당신의 일생을 출생부터 무덤에 묻히는 순간까지 어떻게 살았는지 돌아보는 시간을 가지라. 나는 어떤 영적, 육적 유산을 남겼는지에 대해 스스로 작성해보라.

5

여호수아

– 준비된 지도자

위기(危機)라는 말은 위험(危險)과 기회(機會)라는 말의 합성어로서 위험하지만 기회가 된다는 뜻을 담고 있다. 그런데 위기는 아무에게나 기회가 되는 것이 아니다. 기회는 준비된 사람만이 잡을 수 있다. 준비된 사람에게는 전쟁도 기회가 된다.

가나안 정복을 위한 전쟁을 눈앞에 두고 이스라엘 민족을 이끌던 모세가 죽었다. 이 국가적 위기의 때에 이스라엘을 이끌어 간 사람은 천부장도 아니고, 대제사장도 아니고, 모세 밑에서 묵묵히 내일을 준비한 여호수아였다.

이스라엘 백성들은 광야 생활 초기에 가데스 바네아에서 가나안 땅에 열두 정탐꾼들을 파견했다. 그 중의 한 사람으로서 파견되었던 여호수아는 갈렙과 함께 백성들에게 하나님을 믿고 그 땅에 들어가서 취할 것을 주장하다가 백성들에게 돌에 맞아 죽을 뻔 하기도 했다.

그는 이스라엘 백성들이 경험한 최초의 전쟁이었던 아말렉과의 싸움에서 선봉장 역할을 했고, 그러다가 모세의 뒤를 이어 이스라엘 백성들을 이끌고 요단 강을 건너 여리고 성을 무너뜨리고 계속해서 가나안 땅을 정복하고 각 지파에 영토를 분배했다. 여호수아는 모세의 후계자로서 성공적으로 사명을 감당했다.

이스라엘의 전쟁 영웅 여호수아는 수많은 전쟁에서의 승리를 통하여 세상과 육신과 마귀와 싸우며 살아야 하는 성도들에게 영적 전쟁에서 승리할 수 있는 비결들을 남겨주었다.

후계자의 길

어떤 사람은 별 노력 없이 지도자의 자리를 물려받는다. 또 어떤 사람은 열심히 노력해서 그 자리에 오른다. 여호수아는 후자에 속하는 사람이었다.

그가 모세의 후계자가 된 것은 어느 날 우연히 갑작스럽게 이루어진 일이 아니었다. 여호수아는 지도자의 자리에 오르기까지 눈에 보이지 않는 피나는 노력을 했고, 자기와의 싸움에서 승리했다.

모세의 시종

모세가 시내 산에 오를 때 아론과 그의 아들들과 여러 장로들과 동행했지만, 십계명을 받는 자리에는 여호수아만 데리고 올라갔다. 모세에게 여호수아는 그의 형인 아론보다 더 편한 사람이 되었다.

아론은 모세가 십계명을 받는 40일 동안 산 밑에서 금송아지를 만들어 섬기고, 모세가 돌아와서 야단을 치자 백성들을 탓하며 구차한 변명을 했다. 반면에, 여호수아는 그 40일 동안 산에서 모세가 내려오기까지 혼자 기다렸다. 모세가 40년 동안 호렙 산에서 혼자 지내면서 훈련을 받았던 것처럼 여호수아도 혼자 기다리는 훈련을 받았다. 또 모세가 말을 다 마치고 진중으로 돌아간 후에도 여호수아는 항상 회막을 떠나지 않았다.

성경은 이러한 여호수아를 가리켜 '모세의 시종 눈의 아들 여호수아'라고 부르고 있다. 여호수아는 모세에게 절대적인 충성을 보였다. 모세의 시종으로 지내던 40년 동안 그의 충성은 변함이 없었다. 여호수아는 모세의 그림자와 같은 존재였다. 이것은 결코 쉬운 일이 아니다. 인간에게는 누구나 교만이 있기 때문에 남의 밑에 있으려 하지 않는다. 2인자로 만족하지 않는다. 그러나 여호수아는 2인자로서 철저한 훈련을 잘 받았기 때문에 모세를 대신하는 이스라엘의 영적 지도자가 될 수 있었다.

섬김을 받으려면 먼저 섬겨야 한다. 지도자가 되려는 사람은 먼저 따를 줄 알아야 한다. 잘 따를 줄 아는 사람이 지도자가 될 수 있다.

존 맥스웰은 “지도자를 보좌하면 그 사람의 성공도 분담하게 되고, 지도자를 떠받들면 자기 자신도 그 사람이 성취하는 것의 일부를 차지하게 된다”고 했다. 보좌하는 자에게 요구되는 조건은 충성이다. 충성되게 일하는 자에게는 반드시 좋은 일이 생긴다.

강철 왕 카네기가 연로했을 때 재계에서는 카네기가 누구를 후계자로 삼을 것인가 하고 관심이 많았다. 그런데 후계자가 정해지고 나서 사람들은 깜짝 놀랐다. 후계자는 바로 그의 비서였던 쉬이브였기 때문이었다.

쉬이브는 공부를 많이 한 사람이 아니었다. 그의 학력은 초등학교 졸업이 전부였다. 그는 평범한 사람이었다. 무명 인사였다. 그는 회사에 처음 입사할 때 임시직인 청소부로 입사했다. 그의 업무는 공장 마당을 청소하는 것이었다. 그러나 쉬이브는 공장 마당만 청소한 것이 아니라, 공장 안까지 청소했다. 그의 부지런함과 성실이 간부들 눈에 띄었다. 그는 정식 직원이 되었다. 그리고 마침내 카네기의 비서까지 되었다. 쉬이브는 카네기 사장이 계신 곳에는 어디든지 대기했다. 항상 그의 손에는 메모지와 펜이 들려 있었다. 그래서 사장님의 지시 사항을 바로 바로 메모했다. 카네기가 쉬이브를 자기의 후계자로 지명하게 된 결정적인 계기는 실로 하찮은 것이었다.

카네기가 밤늦도록 회사에서 일을 하고 집으로 가려는 때였다. 그는 모든 사원과 비서까지도 다 퇴근한 것으로 생각했었는데, 그가 비서실 문을 열었을 때 아직도 쉬이브가 기다리고 있는 것을 목격했다. 카네기가 "왜 아직도 퇴근하지 않고 있느냐?"고 물었다.

그러자 쉬이브는 "사장님께서 언제 부르실지 몰라서 기다리고 있었습니다"라고 대답했다. 이 일로 인해 카네기는 자신의 후계자는 쉬이브 밖에 없다고 생각하게 되었고, 마침내는 카네기의 엄청난 재산을 관리하는 후임자로 지명이 되었다.

지도자 중에는 스스로 자기 역할을 선택하고 행동하는 지도자가 있는가 하면, 전임자의 빈자리만을 채우는 지도자가 있다. 여호수아는 어떤 스타일의 지도자였을까?

> "여호와께서 그의 종 모세에게 명령하신 것을 모세는 여호수아에게 명령하였고 여호수아는 그대로 행하여 여호와께서 모세에게 명하신 모든 것을 하나도 행하지 아니한 것이 없었더라"(수 11:15).

여호수아는 이스라엘 민족의 지도자가 되었지만, 그는 전적으로 모세의 빈자리를 대신하는 역할을 했다. 여호수아는 모세가 살아 있을 때도 그의 시종이었고, 그가 떠난 후에도 역시 모세의 시종이었다. 여호수아서는 여호수아의 가나안 정복에 관한 기록이지만, 실제적으로는 모세에 관한 기록의 연장이기도 하다. 어떻게 보면 불행하게 보일 수도 있다. 하지만 이것은 여호수아에게 주어진 사명이었고, 그의 역할이었다.

전쟁 영웅

여호수아는 이스라엘의 지도자가 된 이후 줄곧 가나안 정복을 위해 전쟁을 했다. 아이 성에서의 일시적인 패배를 제외하고는 전투 때마다 승승장구했다. 가나안 전쟁은 '진멸'이라는 말로 대변된다. 그만큼 잔인하고 처절했다. 여호수아는 가나안 원주민에 대한 잔혹한 정복과 무자비한 학살, 그리고 가나안을 식민지화 하는데 선봉장이었다. 아무리 적이라도 너무했다는 생각을 할 수 있다.

나치 독일은 600만 명의 유대인들을 학살했고, 소련은 옛날 폴란드 군대의 모든 장교들을 학살했다. 현대적 관점에서 보면, 여호수아의 가나안 정복은 나치 독일이나 소련 군대들의 행위와 다를 바 없다. 그렇기 때문에 여호수아서를 읽다 보면 하나님의 사랑에 대해서, 또한 여호수아의 인격에 대해서 의구심을 가질 수 있다.

이런 혼란을 정리하기 위해서는 당시 가나안의 상황을 살펴볼 필요가 있다. 이스라엘이 가나안에 대한 정복 전쟁을 시작할 무렵 가나안의 도시는 소수의 왕들과 귀족들에 의해 다수의 농민들과 소작농들과 노예들이 고통을 당하는 봉건제도 하에 놓여 있었고, 우상 숭배와 도덕적 타락은 극에 달했다.

하나님께서 아브라함에게 "가나안 땅을 너와 네 자손에게 주겠다"고 했을 그때는 아직 그들의 악이 심판을 불러올 정도의 수준은 아니었다(창 15:16). 그러나 여호수아가 가나안 땅을 정복할 때는 그들의 죄가 흘러 넘쳤고, 심판의 때가 이르렀던 것이다.

이런 상황에서 하나님께서는 애굽에서 종노릇하던 이스라엘을 해방시켰고, 그 백성들을 통해 가나안 봉건제도를 무너뜨리고 모든 인간이 평등하고 정의롭게 살 수 있도록 가나안의 악한 왕들을 진멸시켰다. 여호수아는 가나안에 대한 하나님의 심판과 정의를 실현하는 의의 도구였다.

여호수아는 이스라엘 민족의 지도자가 되었을 때 두려워 떨었다. 여호수아 1장을 보면 '강하고 담대하라'는 말씀이 네 번 반복되고 있다. 세 번은 하나님께서 하신 말씀이고(수 1:6, 7, 9), 한 번은 이스라엘 백성들이 한 말이다(수 1:18).

여호수아는 결과적으로 전쟁 영웅이 되었지만, 사실 개인적으로는 전쟁을 싫어했다. 그러나 이스라엘 백성들이 가나안 땅에 들어가 사는 것은 그들의 운명이었고, 가나안 족속과의 전쟁은 불가피한 생존전쟁이었다. 하나님의 뜻이면 하기 싫어도 해야 하고, 하고 싶어도 하지 말아야 할 때가 있다.

여호수아의 인격

여호수아라는 이름은 '여호와는 구원이시다'라는 뜻인데, 포로시대 후기에 '예수아'로 바뀌었고, 신약시대에 와서는 헬라식 이름인 '예수'로 불렸다. 그러니까 여호수아는 주님의 이름인 예수와 같은 이름이다. 여호수아가 가나안을 정복하고 이스라엘 백성들에게 승리와 안식을 가져다 준 것은 장차 사단의 권세를 깨뜨리고 만백성에게 구원과 하나님 나라의 축복을 가져다 줄 예수 그리스도의 사역을 예표하는 것이었다.

여호수아는 이름과 사역에 있어서만 예수님을 닮은 것이 아니라, 인격에 있어서도 예수님을 많이 닮았다. 하나님은 이러한 여호수아를 사랑하셨고, 그를 택하신 이후 마지막 순간까지 변함없이 그를 귀하게 사용하셨다.

그러면 여호수아가 지닌 사랑스러움은 어떤 것이었을까?

> "이스라엘 자손이 그들의 경계를 따라서 기업의 땅 나누기를 마치고 자기들 중에서 눈의 아들 여호수아에게 기업을 주었으니 곧 여호와의 명령대로 여호수아가 요구한 성읍 에브라임 산지 딤낫 세라를 주매 여호수아가 그 성읍을 건설하고 거기 거주하였더라"(수 19:49-50).

우리는 이 말씀에서 가나안 땅을 나누는 과정에서 왜 여호수아가 하나님께 사랑을 받고 백성들에게 존경을 받았는지 몇 가지 이유를 살펴볼 수 있다.

남을 먼저 생각하는 마음

여호수아는 당시 이스라엘의 최고 지도자였고, 결정권을 가지고 있었다. 또한 그는 가나안 정복이라는 큰 업적을 남겼다. 그럼에도 불구하고 그는 자신의 지위나 공로를 내세워서 자신의 욕심을 먼저 채우지 않았다.

배가 파선한 경우 선장이 맨 나중까지 배를 지키듯이, 이스라엘 민족의 지도자 여호수아도 가나안 땅 분배에 있어서 모든 지파에 기업을 분배한 후에 자신의 기업을 받았다. 여호수아는 공과 사를 구별할 줄 알았고, 일의 우선순위를 아는 사람이었다. 그는 지도자로서 자신보다 백성들을 먼저 생각했다. 여호수아는 전쟁 영웅이었지만, 무자비하지 않았고 남을 배려하고 생각할 줄 아는 인간미가 넘치는 사람이었다. 나보다 남을 생각하는 마음은 예수님의 마음이다. 예수님은 자신의 희생을 통해 인간 구원의 사역을 완성하셨다.

예수님은 공생애 중 많은 병자들의 질병을 고쳐주시고, 굶주린 사람들을 먹이시는 등 많은 이적을 행하셨지만, 정작 자신은 머리 둘 곳이 없는 삶을 사셨다(마 8:20). 여호수아는 이러한 예수님의 삶과 인격을 그대로 닮았다. 그의 삶은 우리에게 남을 위한 삶을 살아야 하고, 남에게 유익을 주는 삶을 살아야 한다는 교훈을 준다.

인간 삶의 비극은 근본적으로 자기만을 생각하는 이기주의로 말미암은 것이다. 국가간의 충돌, 정당간의 알력, 이웃과의 마찰, 부부간의 의견 대립, 이 모든 원인은 이기적인 데서 비롯된다. 이기주의는 자신만을 알고 자신만을 목적으로 삼는다. 이기주의는 결국 자기가 자기의 종이 되는 것이다.

사람들이 가지고 있는 착각 중의 하나는, 자신을 위해 살면 행복할 줄로 생각하는 것이다. 그러나 사실은 그렇지 않다. 하나님은 사랑이시고, 우리 인간은 그분의 형상을 따라 지어졌다. 우리 인간은 남에게 베풀며 살 때 행복하도록 지음을 받았다. 자기만을 위하는 삶은 소외와 끝없는 갈증만을 가져다준다.

반면에, 손해 보는 것 같아도 남을 위하는 삶을 살 때 참된 보람과 기쁨을 맛볼 수 있게 된다. 남을 위하는 삶은 나보다 먼저 남을 생각하고 배려하는 것이다. 여호수아와 같이 나보다 남을 위한 삶을 생활화할 때 우리 가정에 행복이 찾아오고, 모든 인간관계에 화목이 넘치고, 우리가 가는 곳마다 밝아지는 역사가 일어나게 될 것이다.

겸손한 인격

여호수아는 거의 평생을 전쟁터에서 살았다. 그는 이스라엘 백성을 이끌고 요단 강을 건넌 후 여리고와 아이 성을 점령하고, 그 다음 남쪽의 아모리 다섯 왕들을 처단하였고, 마지막으로 북쪽의 31명의 왕들을 차례로 처단하였다(수 12:7-24).

여호수아는 약 7년에 걸쳐 가나안 정복의 사명을 완수했다. 그리고 그 땅을 각 지파에게 분배했다. 방랑생활 40년 만에 영구히 정착할 땅을 얻게 된 이스라엘 백성들의 기쁨이 얼마나 컸겠는가? 그들의 기쁨은 월세방을 전전하다가 전셋집으로 옮기게 된 사람들의 기쁨이나, 전셋집에서 살다가 자기 집을 장만한 사람들의 기쁨과는 비교될 수 없을 정도로 컸다.

여호수아는 이스라엘 백성들에게 그 큰 기쁨을 안겨 준 사람이었다. 그런데 본문을 보면, 여호수아는 그러한 공로를 앞세우지 않았고, 모든 지파에 땅을 분배하고 난 이후 맨 마지막에 자신의 기업을 요청했다. 사실 땅 분배에 있어서 여호수아는 실권자였다. 얼마든지 자기 몫을 챙길 수 있는 입장이었다. 그럼에도 불구하고 그는 자신의 기업을 마음대로 취하지 않았다. 오히려 백성들 앞에 청하는 자세를 보였다.

여호수아가 이처럼 겸손할 수 있었던 이유는 무엇이었을까? 바울이 "나의 나 된 것은 하나님의 은혜"라고 고백했던 것처럼, 여호수아도 자신이 이룬 모든 것들이 스스로의 힘과 능력으로써가 아니라, 전적으로 하나님의 은혜였음을 알았다. 하나님의 은혜를 알면 겸손하게 되어 있다.

이스라엘이 가나안에 들어오기 전, 불과 40년 전만 해도 이스라엘은 이집트에서 노예생활을 했다. 이스라엘 백성들은 노예 근성을 가지고 원망하고 불평하는 일을 일삼았다. 단체 훈련이 전혀 되어 있지 않은 오합지졸이었다. 군사력은 너무도 빈약했다. 군사적으로 볼 때, 이스라엘 백성들은 가나안 족속보다 훨씬 뒤떨어졌다. 그럼에도 불구하고 이스라엘 백성들은 여호수아의 인도 하에 승승장구하며 어렵지 않게 가나안을 점령했다.

여호수아는 야전 사령관으로서 전투마다 대승을 거두고 심지어는 해와 달을 멈추기까지 하면서 역사상 전무후무한 위대한 승리를 경험했지만, 그 모든 승리는 하나님의 도우심 때문인 것을 철저히 인식했기 때문에 결코 '내가 했다'라는 생각을 할 수 없었다. 여호수아는 겸손한 척 한 것이 아니었다. 그는 겸손할 수밖에 없었다.

여호수아 6:2을 보면, 하나님께서는 여호수아에게 "보라 내가 여리고와 그 왕과 용사들을 네 손에 넘겨주었으니"라고 하셨다. 여호수아 8:1에서는 "보라 내가 아이 왕과 그의 백성과 그의 성읍과 그의 땅을 다 네 손에 넘겨 주었으니"라고 하셨다. 여호수아 10:42에서는 "이스라엘의 하나님 여호와께서 이스라엘을 위하여 싸우셨으므로 여호수아가 이 모든 왕들과 그들의 땅을 단번에 빼앗으니라"고 했다.

가나안 정복 전쟁의 주인공은 여호수아가 아니라, 여호와 하나님이셨다. 하나님께서 친히 이스라엘을 위하여 싸우셨다. 그러므로 여호수아는 자신이 해야 할 일을 성공적으로 마쳤음에도 불구하고 그 대가를 얻었을 때에 지극히 겸손했던 것이다.

이 점에 있어서 여호수아는 예수님을 닮았다. 여호수아는 예수님의 겸손함을 닮은 참된 인격의 소유자였다. 예수님께서는 "나는 마음이 온유하고 겸손하니 나의 멍에를 메고 내게 배우라"(마 11:29)고 하셨다. 겸손은 예수님의 성품이다. 예수님은 우리를 구원하시기 위해서 하늘 보좌를 버리시고 대신 종의 형체를 지니고 이 땅에 오셨다. 이 땅에 오실 때도 가장 작은 민족 이스라엘 가운데 오셨고, 비천

한 목수의 아들로, 베들레헴 구유에 오셨다. 그리고 십자가에 죽기까지 자신을 낮추시고 음부에까지 내려가셨다.

높아지려고 하면 낮아지고, 낮아지면 높아지게 되어 있다. 골짜기가 깊으면 산이 높은 것처럼 하나님께서는 낮아진 만큼 높여주시고, 고난을 극복한 만큼 영광을 얻게 하신다. 이것이 성경이 보여주는 역설적 진리이며, 원리다. 예수님이 겸손히 자신을 낮출 때 하나님은 예수님을 높이셔서 영원한 구주요, 지도자요, 왕이 되게 하셨다.

그러나 사람들의 마음속에는 교만이 자리 잡고 있어 정상에 선 사람들에게서 겸손함을 보기가 쉽지 않다. 우리가 교만하기 쉬운 때는 뭔가 이루었다고 생각할 때이다. 마귀는 그러한 때를 노려 교만을 부추긴다. 우리가 섰다고 생각될 때, 성공했을 때, 일이 잘 될 때 가장 경계해야 할 것은 교만이다.

교만 때문에 천사장 루시퍼는 천상에서 쫓겨나고 타락하여 사탄이 되었다. 첫 사람 아담과 하와도 교만하여 에덴동산에서 쫓겨나고 말았다. 교만은 패망의 선봉이요 넘어짐의 앞잡이다. 하나님은 교만한 자를 물리치시고, 겸손한 자에게 은혜를 베푸신다.

어떤 사람이 겸손한 사람일까? 인간은 누구나 혼자의 힘으로 살아갈 수 없다. 저절로 큰 사람이 없다. 음으로 양으로 주변 사람에게 도움을 받는다. 그러므로 겸손한 사람은 성공하고 출세하고 명예를 얻을 때 그 기쁨을 함께 나눌 수 있는 사람이다. 또한 겸손한 사람은 부모님 덕분에, 아내 덕분에, 남편 덕분에, 가족 덕분에 잘 됐다고 말하는 사람이다. 그리고 근원적으로 그러한 고마운 사람들을 만나게 하시고, 때를 따라 은혜를 베풀어 주신 하나님께 영광을 돌릴 수 있는 사람이다.

여호수아처럼 일평생 승리하며 성공하는 삶을 살기 원하는가?

범사에 주님께 영광을 돌리며 겸손해야 한다. "그런즉 너희가 먹든지 마시든지 무엇을 하든지 다 하나님의 영광을 위하여 하라"(고전 10:31). 우리 삶의 목적은 '오직 하나님께 영광'이어야 한다.

마음을 비운 사람

여호수아의 인격의 아름다움은 그가 자신의 기업으로 요청한 장소를 통해서 알 수 있다. 여호수아가 요청한 성읍은 딤낫 세라였으며, 여호수아는 그 성읍을 건설했다고 했다. '건설하다'라는 말의 정확한 의미는 처음부터 새롭게 지었다는 것이다.

백성들에게는 이미 건축된 땅을 분배하였으면서도 여호수아 자신은 사리사욕을 떠나 황무지를 선택했다. 이처럼 그의 인품은 청렴했다. 에머슨은 "재산을 나누게 될 때는 가장 예의바른 사람도 싸운다"는 말을 했다. 오늘날 얼마나 많은 지도자들이 자신의 지위와 명예와 권세를 이용하여 부를 축적하고 있는가? 이러한 사실을 감안할 때 여호수아의 인격은 숭고하기까지 한 것이다.

여호수아 17:14을 보면, 땅 분배 과정에서 요셉 자손들은 인구가 많다는 것을 빙자하며 한 분깃을 더 달라고 했다. 이들의 제안은 흔히 나타나는 집단 이기주의를 대변하는 것이다. 이러한 일이 일어나면 공동체의 평안은 깨뜨려진다.

요셉 자손의 요청에 대해 여호수아는 "네가 큰 민족이 되므로 에브라임 산지가 네게 너무 좁을진대 브리스 족속과 르바임 족속의 땅 삼림에 올라가서 스스로 개척하라 …… 그 끝까지 네 것이 되리라 가나안 족속이 비록 철 병거를 가졌고 강할지라도 네가 능히 그를 쫓아내리라"(수 17:15-18)고 답을 했다.

요셉 자손이 여호수아의 제안을 받아들였는지에 대해서는 성경에 언급되어 있지 않다. 어쨌든 집단 이기주의를 부축이고 있는 상황에서 여호수아는 우리에게 매우 중요한 교훈을 주고 있다.

만약 여호수아가 먼저 좋은 땅을 자기의 기업으로 챙겼다면 어떠했겠는가? 불평 잘하는 이스라엘 민족의 기질로 보아 땅 분배 과정에서 더 많은 불평이 있었을 것이다. 그러나 여호수아는 자신의 기업을 가지지 않았으므로 담대하게 행할 수 있었고, 불평과 불만을 잠재울 수 있었다.

여호수아가 자신의 기업으로 받은 딤낫 세라는 은퇴하면서 받은 것이었다. 그렇다면 여호수아의 기업은 그가 수십 년 동안 이스라엘을 섬겨온 데 대한 상급으로 그다지 충분치 않은 것이었다. 그러나 여호수아는 욕심 부리지 않았다. 여호수아는 보기 드물게 공적인 일을 위해 마음을 비우고 백성들을 위해 자기를 희생하며 자기를 부인할 줄 아는 고귀한 마음을 가지고 있었다. 이러한 모습 역시 예수님을 닮은 것이다.

고대에는 이방 신상이 주된 우상이었지만, 신약 시대에 이르러 바울은 "땅에 있는 지체를 죽이라 곧 음란과 부정과 사욕과 악한 정욕과 탐심이니 탐심은 우상 숭배니라 이것들로 말미암아 하나님의 진노가 임하느니라"(골 3:5-6)고 했다.

탐욕과 우상 숭배와는 어떤 관계에 있을까? 바울은 탐심이 곧 우상숭배라고 정의하고 있다. 그 이유는 탐심이 생기면 하나님보다 돈을 더 사랑하기 때문이다.

우리는 어떻게 해야 탐심을 물리치고 마음을 비울 수 있을까?

정글 지역의 어느 선교사가 파인애플을 실컷 먹고자 원주민 형제들과 함께 파인애플 나무를 심었다. 시간이 흘러 파인애플을 먹을 때가 되어 가보니 열매가 하나도 없었다. 원주민 형제들이 따 가지고 간 것이다. 선교사는 너무나 황당해서 그들에게 어찌 그럴 수 있느냐고 물었다. 그러자 원주민들은 "선교사님, 당연히 우리가 심었으니깐 그 파인애플은 우리들의 소유입니다. 왜냐하면 정글의 법칙은 심은 사람이 주인이기 때문이지요"라고 대답했다.

그래서 선교사는 다시 나무를 심으면서 심는 대가를 주고 열매를 반반씩 나누어 가지기로 약속했다. 그러나 또 다시 열매가 하나도 없었다. 화가 난 선교사는 원주민들에게 그들을 위해서 운영하고 있는 간이병원의 문을 닫겠노라고 위협하기도 하고, 파인애플 주변에 개로 경비를 서게 하기도 했다. 그러나 그렇게 해도 문제는 해결되지 않았다. 그래서 선교사는 애간장이 탔다.

그러던 어느 날 성경을 읽는 가운데 "파인애플이 누구의 것이냐? 네 거냐? 내 거지!"라는 하나님의 음성을 듣게 되었다. 선교사는 욕심 때문에 진정한 주인이 누구인가를 망각하고 있었음을 깨닫게 되었다.

그 후 또 다시 원주민 형제들이 열매를 모두 따갔지만, 선교사는 화를 내지 않았다. 이를 이상하게 생각한 원주민 형제들이 선교사를 찾아와서 왜 화를 내지 않느냐고 물었다.

선교사는 대답했다.

"여태 난 그 나무가 내 것이라고 생각해서 화가 났었습니다. 그러나 그것은 잘못된 생각이었습니다. 왜냐하면 하나님께서 진짜 주인이기 때문입니다. 저는 그 사실을 잊고 있었습니다."

그 후에도 더러 파인애플을 훔쳐 가는 원주민들이 있었지만, 이상하게도 훔쳐간 사람들의 아이가 병이 난다든지 하면 자기들끼리 이렇게 말하곤 했다.

"우리들이 하나님의 것을 훔쳐서 아이가 아픈 것 같아."

이렇게 하다 보니 점점 그 정글에서는 도둑이 없어졌고, 선교사도 자기가 심은 파인애플을 나누어 먹을 뿐더러 진정한 그리스도의 사랑을 나누며 살게 되었다고 한다.

이 세상에서 아무리 많은 땅을 차지하고 재물을 쌓는다 해도 이 세상에 사는 동안 잠시 누릴 뿐이지, 결코 영원히 소유할 수는 없다는 사실을 깨달아야 한다. 하나님은 말씀하신다. "은도 내 것이요 금도 내 것이니라 만군의 여호와의 말이니라"(학 2:8).

알고 보면 내 것이 없다. 다 하나님의 것이다. 나의 재물도, 나의 은사와 재능도, 자식도, 건강도, 심지어 나의 생명까지도 하나님의 것이다. 모든 것이 하나님의 것이고, 우리가 이 세상에서 사는 동안 잠시 하나님의 것을 맡아서 사용하며 관리하고 있다고 생각하면 마음을 비울 수 있다.

바울은 우리에게 교훈한다. "우리가 세상에 아무것도 가지고 온 것이 없으매 또한 아무것도 가지고 가지 못하리니 우리가 먹을 것과 입을 것이 있은즉 족한 줄로 알 것이니라"(딤전 6:7-8). 누가 주인인지 깨닫고 족한 줄 알고 마음을 비우고 자족하여 살아야 한다.

우리의 영원한 기업은 오직 하나님뿐이시다. 헛된 세상 욕심 때문에 하늘의 영광을 저버려서는 안 된다. 땅의 것을 버리고 위엣 것을 찾으며 하나님을 우리의 영원한 기업으로 삼고 살아갈 때, 우리는 영원한 안식과 하늘의 큰 영광을 누리게 된다.

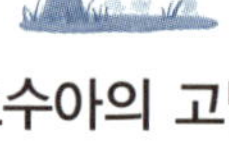

여호수아의 고별사

영토 분배를 마치고 안식을 누리던 여호수아는 나이 많아 늙자 자신의 죽음이 임박하였다는 것을 느끼고 지도자들을 불러놓고 고별사를 했다. 그는 이스라엘 지도자들에게 여호와를 신뢰하고 배반하지 말도록 당부했다. 여호수아는 죽음에 이르는 순간까지 시종일관 이스라엘 백성들이 하나님만을 사랑하고 그분만을 섬기도록 당부했다. 그가 경험한 하나님은 성실하신 하나님이었다. 그는 지도자들에게 권면하면서 하나님의 성실하심에 대해서 이렇게 말했다.

> "보라 나는 오늘 온 세상이 가는 길로 가려니와 너희의 하나님 여호와께서 너희에게 대하여 말씀하신 모든 선한 말씀이 하나도 틀리지 아니하고 다 너희에게 응하여 그 중에 하나도 어김이 없음을 너희 모든 사람은 마음과 뜻으로 아는 바라"(수 23:14).

하나님은 약속하신 모든 것을 다 이루셨다. 하나님은 성실하실 뿐만 아니라, 우리를 위하는 일에 적극적이시다. 하나님은 복에 대한 약속에만 성실하신 것이 아니라, 심판의 약속에도 성실하시다. 그렇기 때문에 여호수아는 경고하며 당부했다.

여호수아는 지도자들에게 권면을 마치고 세겜에 이스라엘 모든 지파를 불러 모았다. 그리고 아브라함, 이삭, 야곱으로부터 시작해서 출애굽 사건과 40년 광야생활, 그리고 그 당시까지의 이스라엘의 역사를 회고하면서 백성들에게 우상을 섬기지 말고 오직 하나님만을 섬기도록 권면했다.

여호수아는 백성들에게 "너희가 섬길 자를 오늘 택하라"고 결단을 촉구하면서 "오직 나와 내 집은 여호와를 섬기겠노라"고 선언했다(수 24:15). 여호수아가 보여준 가장 멋진 모습이 아닌가 싶다. 이처럼 여호수아가 그의 가족들이 오직 여호와를 섬길 것이라고 확신 있게 말할 수 있었던 이유는 그만큼 신앙 교육을 잘 시켰기 때문이었다.

고별사는 그 사람의 신앙을 대변한다. 존 밀턴은 "죽음은 영원의 궁전을 여는 귀중한 열쇠이다"라는 말을 남겼다. 미켈란젤로는 침대 곁에 모인 사람들에게 "살아가는 동안 주님의 고통을 기억하세요"라고 말했다. 마르틴 루터는 임종하기 직전에 "저를 구원하신 진리의 주님께, 저의 영혼을 맡깁니다"라는 말을 세 번 반복했다.

여호수아의 권면에 이스라엘 백성들은 다른 신들을 섬기지 않겠다고 약속을 했고, 그들은 말한 대로 하나님을 섬겼다. 사람들은 평안한 삶을 원하지만 인생을 맴도는 문제는 늘 있기 마련이다. 그러므로 수시로 가치 있는 단호한 결정을 내릴 수 있어야 한다. 지도자는 중요한 인생 문제들에 대한 절대적인 확신을 가지고 있어야 하고, 또한 자신이 이끄는 사람들의 중요한 인생의 문제를 결정하는 데 책임감을 가져야 한다.

이런 점에서 여호수아는 지도자들의 모범이라고 할 수 있는 사람이었다. 살수록 세속화 되어가는 교회의 모습, 신앙과 비신앙의 경계에서 머뭇거리는 성도들의 모습을 보면서 안타까움을 느낀다. 만약 여호수아가 오늘날의 교회를 이끌었다면 그는 교인들이 얼마나 남든지 간에 눈치 보지 않고 '하나님을 경외하든지 아니면 세상으로 돌아가든지 선택하라'고 요청했을 것이다.

미국의 두 청년이 어느 날 친구와 서커스 공연을 구경하기 위해 길을 가고 있었는데, 그 시간은 아침 주일예배 시간이었다. 마침 교회 앞을 지나게 되었다. 교회 앞에는 부흥회를 알리는 포스터가 붙어 있었고 큰 글씨로 '죄의 값은 사망'이라고 쓰여 있었다.

한 청년은 포스터의 글을 읽고는 이마에 번갯불을 맞은 것 같은 충격을 받아 서커스 공연장으로 향하던 발걸음을 돌려 예배에 참석하였고, 목사님의 설교에 큰 은혜를 받아 새 사람이 되었다.

그러나 다른 한 청년은 함께 교회 가자는 친구의 권유를 뿌리치고 서커스 공연장으로 향했다.

30년의 세월이 흐른 후 신문에는 '클리블랜드, 미국의 22대 대통령에 취임하다'라는 기사가 크게 실렸고, 이 신문을 어느 사형수가 보고 있었다. 미국의 22, 24대 대통령을 지낸 클리블랜드는 서커스 공연장으로 발걸음을 향하다가 예배에 참석한 청년이었고, 감옥에서 신문을 읽고 있던 사형수는 서커스 공연을 선택했던 청년이었다. 그는 서커스 구경에서부터 시작하여 어두운 흥행거리로 발걸음을 돌려 범죄자가 되더니 결국에 사형집행을 받고 말았다.

천국과 지옥, 하나님과 세상을 동시에 소유할 수 없다. 좁은 길과 넓은 길을 동시에 갈 수 없다. 신앙은 선택이다. 끊을 것은 과감히 끊어버리고 십자가의 길로 돌아서야 한다. 오래 전 '순간의 선택이 십 년을 좌우합니다'라는 어느 기업의 광고 문구가 사람들의 마음을 사로잡은 적이 있었다. 순간의 배우자 선택이 평생을 좌우하고, 순간의 신앙 선택이 영원을 좌우한다.

외로운 죽음

여호수아는 110세에 세상을 떠났다. 성경에서는 줄곧 여호수아를 '모세의 시종'이라고 부르고 있다. 그런데 그의 죽음을 기록한 여호수아서 24:29에서는 그를 '여호와의 종'이라고 부르고 있다. 여호수아는 오랜 세월 동안 모세의 그늘 아래 있었다. 여호수아는 젊은 시절을 모세의 시종으로 지냈고, 이스라엘 백성을 이끄는 최고 지도자가 된 이후에도 사실상 모세의 그늘에서 벗어나지 못했다. 하지만 그의 생애 마지막에 이르러 그는 모세의 시종이 아니라, 여호와의 종으로 인정을 받으며 삶을 마감할 수 있었다.

성경은 여호수아가 유언을 남기고 인생의 막을 내리는 장면에 대하여 "그들이 그를 그의 기업의 경내 딤낫 세라에 장사하였으니 딤낫 세라는 에브라임 산지 가아스 산 북쪽이었더라"(수 24:30)라고 말씀하고 있다. 여호수아가 매장된 가아스 산은 '분노의 산'이라는 뜻을 가지고 있다. 탈무드에서는 여호수아가 분노의 산에 묻힌 것은 하나님께서 그의 죽음 앞에서 분노하셨기 때문이라고 말하고 있다. 또 미드라쉬에서는 여호수아가 장사될 때 이스라엘 백성이 바빠서 참석하지 않았다고 말하고 있다. 이것은 추측이지만 그만큼 여호수아가 외롭게 죽었다는 것이다.

여호수아는 전쟁 영웅이었지만 희생자이기도 하다. 여호수아의 인격을 살펴보았지만 그는 결코 전쟁을 좋아하는 사람이 아니었다. 하지만 그는 부득불 자신이 싫어하는 전쟁을 할 수 밖에 없었고, 피를 흘리지 않을 수 없었다. 흔히 여호수아를 전쟁 영웅으로만 생각한다. 그러나 여호수아는 수많은 전쟁을 치름으로써 전쟁은 해서는 안 된다는 교훈을 남기고 외롭게 세상을 떠났다. 여호수아뿐 아니라, 누구든지 죽음의 길은 혼자 가야 하기 때문에 외로운 것이다.

죽기 전에 해야 할 일

1. 하나님이 맡겨주신 영토 분배 사명을 잘 마친 후, 여호수아는 나이가 많아서 죽음의 임박을 느끼고 이스라엘 지도자들을 불러모아 고별사를 했다. 그 고별사의 내용은 무엇인가? 당신도 자녀들을 모아놓고 그런 고별사를 해보라.
2. 신앙은 선택이고, 순간의 신앙 선택이 영원을 좌우한다. 서커스 공연을 구경하려던 미국의 두 청년 이야기를 통해 느낀 점은 무엇인가? 당신의 자녀 및 손자들에게 이런 감동적인 이야기를 해주겠다고 다짐하고 꼭 실천하라.

6

다윗

– 기부의 선구자

성경의 인물 중에서 다윗만큼 죽음의 위기를 많이 겪으면서 파란만장한 인생을 살았던 사람도 드물다. 그는 사울 왕에게 쫓길 때 요나단에게 자신의 처지에 대해서 "나와 죽음의 사이는 한 걸음 뿐이니라"(삼상 20:3)고 했다. 다윗의 고백이 우리 모두에게 해당된다. 죽음과의 거리는 단지 한 걸음일 뿐이다. 죽음은 저 멀리서 우리가 바라볼 수 있도록 다가오는 것이 아니라, 우리 가까이에 있다가 부지불식간에 찾아온다.

우리는 죽음이 늘 가까이에 있다는 사실을 기억하고 항상 준비하며 살아야 한다. 인간의 삶은 불확실하다. 그 누구도 내일을 장담할 수 없다. 내일은 하나님의 손에 달려 있고, 우리는 다만 하루하루 주어진 시간을 살아가야 하는 존재이다.

한 노인 랍비가 자기 백성에게 "죽기 전에 회개해야 한다"고 말하곤 했다. 그러자 사람들은 "선생님, 우리는 죽음의 날을 알지 못하는 데요"라고 여쭈었다. 그러자 "오늘 회개하면 됩니다"라고 말해 주었다.

오늘이 중요하다. 다윗은 내일을 기약할 수 없는 험난한 인생을 살았다. 다윗이야말로 오늘 하루를 살았던 사람이었다.

다윗을 죽이려고 끈질기게 추적을 하던 사울 왕은 전쟁터에서 비극적인 죽음을 맞이했다. 하지만 하나님의 마음에 합했던 다윗은 형통을 누리고, 온갖 위기 속에서도 하나님께서 주신 연수를 살다가 자신의 죽음과 그 이후를 준비하고 기력이 다하여 세상을 떠났다.

굴곡이 심했던 인생

가는 길이 평탄하고 범사에 형통해 보이는 사람들이 있다. 그들에게는 무슨 일이든 척척 풀려나가는 것 같다. 그러나 다른 사람에 비해 유난히 굴곡이 심한 인생을 살아가는 사람들이 있다. 다윗이 그런 사람이었다. 다윗은 왕의 자리에 오르기까지의 험난한 삶을 살았다. 그러나 그 가운데서도 하나님은 그와 함께 하셨고, 은혜를 베푸셨다. 인생길이 험하고 제대로 되는 것이 하나도 없는 것 같은 사람들에게 다윗의 삶은 큰 위로와 소망과 힘을 준다.

쫓기는 인생

다윗의 고난은 그가 목동 시절에 사무엘 선지자에게 기름부음을 받은 이후부터 시작되었다. 사무엘이 이새에게 아들들을 불러 모으라고 했을 때, 그 자리에 끼지도 못했던 다윗이 이스라엘 차기 왕으로 지명을 받고 기름부음을 받았을 때 그의 형들의 마음에는 다윗에 대한 시기심과 질투심이 있었다(삼상 17:28).

다윗의 본격적인 고난은 그가 블레셋의 거인 장수 골리앗을 물리치고 사울 왕과 함께 하면서부터 시작되었다. 다윗이 전쟁에서 승리하고 돌아올 때 환영하던 여인들이 "사울이 죽인 자는 천천이요 다윗은 만만이로다"(삼상 18:7)라고 노래를 불렀다. 다윗이 백성들로부터 존경과 사랑을 받게 되자 이를 불쾌하게 여기며 시기심을 갖게 된 사울 왕은 다윗을 죽이기로 결심하고 줄곧 그의 뒤를 쫓았다.

죽음의 위기 앞에서 다윗은 본의 아니게 많은 거짓말을 했다. 아브라함, 이삭이 그랬던 것처럼, 다윗도 하나님의 보호하심에 대한 의심이 들자 스스로 살기 위해 거짓말을 하기 시작했다. 요나단을 통해 사울에게 거짓말을 했다. 또한 제사장 아히멜렉에게도 거짓말을 했고, 이 일로 인해 아히멜렉을 비롯하여 그의 집안의 85명의 제사장들이 몰살을 당하고 말았다(삼상 22:18).

다윗은 계속해서 추적하는 사울에게 언젠가 잡혀 죽을지 모른다는 생각이 들자 가드 왕 아기스에게로 도망을 갔다. 그러나 아기스는 다윗을 금방 알아보았다. 막다른 골목에 처한 다윗은 침을 수염에 흘리며 미친 사람처럼 행동하여 위기에서 벗어났다(삼상 21:13). 시편 119:29을 보면 "거짓 행위를 내게서 떠나게 하시고 주의 법을 내게 은혜로이 베푸소서"라는 고백을 발견할 수 있다. 아마 다윗은 위기에 처하며 거짓말하는 자신의 기질을 알고 있었을 것이다.

우리는 평소에 많은 가면을 쓰고 있기 때문에 자기가 어떤 존재인지 모르고 산다. 그러나 죽음 앞에 설 때 자신의 모습과 문제점이 무엇인지를 적나라하게 발견하게 된다. 가장 빈번하게 드러나는 것이 아마 거짓말일 것이다.

오래 전 「Saturday Evening Post」 표지에 감사절에 닭고기를 사는 고상한 늙은 부인과 그것을 파는 뚱뚱하고 잘 생기고 친절한 미소를 머금은 주인 아저씨의 사진이 있었다. 그들은 저울과 계산대를 사이에 두고 서로 저울 눈금을 쳐다보며 상냥하고 친절한 미소를 얼굴에 담고 있었다. 그러나 뚱뚱한 주인은 엄지손가락으로 저울을 누르고 있었고, 고상한 늙은 부인은 둘째 손가락으로 저울을 밑에서 떠받치고 있었다. 두 사람은 서로 속이려는 것을 몰랐다. 서로 상대를 속이려고만 애쓰기 때문이었다. 이것이 사람들의 사는 모습이다.

형통한 다윗

이스라엘 역대 왕 중에서 다윗만큼 심한 고생을 한 사람도 없고,

또 다윗만큼 하나님의 은혜를 입은 사람도 없다. 다윗이 사울 왕에게 쫓기던 때 그의 형통이 고난을 이길 수 있는 힘이었고, 왕이 된 이후의 형통은 연전연승이었다.

사무엘하 8:1-14은 다윗의 형통함이 어떠했는지 보여주고 있다. 1절을 보면 다윗이 블레셋 사람을 쳐서 항복을 받았다고 했고, 2절을 보면 다윗이 모압과의 싸움에서 이겼다고 했고, 3절을 보면 소바와의 싸움에서 이겼다고 했고, 5절을 보면 다메섹과의 싸움에서 이겼다고 했고, 13절에서 에돔과 싸워서 이겼다고 했다. 그리고 6절과 14절을 보면 "다윗이 어디로 가든지 여호와께서 이기게 하셨더라"고 말씀하고 있다. 하나님께서는 다윗이 어떤 상황에서든지 싸우기만 하면 이기도록 하셨다.

다윗은 40년간 이스라엘을 통치했다. 즉, 그는 헤브론에서 7년, 예루살렘에서 33년을 다스렸다. 다윗이 긴 세월 동안 이스라엘을 안정 속에서 다스리며 국내외적으로 명성을 얻고 부를 축적할 수 있었던 것은 주의 영이 늘 그와 함께 하였기 때문이었다.

다윗이 체험한 하나님

사람들은 양에 대해서 기질적으로 온순하고, 사람의 말을 잘 듣고, 다른 가축들과 다툴 줄 모르고, 잘 길들여지고, 희고, 깨끗한 짐승이라는 이미지를 가지고 있다. 그런데 양의 참 모습은 우리들이 알고 있는 이미지와는 많은 차이가 있다.

양은 생각이 모자라고 어리석으며, 고집이 세고, 남의 말에 귀를 기울이지 않는 짐승의 대명사이다. 이사야 선지자는 양의 고집스러움을 빗대어 "우리는 다 양 같아서 그릇 행하여 각기 제 길로 갔거늘"(사 53:6)이라고 묘사했다.

양은 시력이 매우 나쁘다. 양이 물체를 분간할 수 있는 거리는 불과 2~3미터밖에 되지 않는다. 그래서 길을 잘 잃어버린다. 그리고 양은 생존을 위한 아무런 능력을 가지고 있지 않다. 양은 누군가의 절대적 도움을 필요로 하는 존재이다. 다윗은 바로 자신이 하나님 앞에서 이러한 양과 같은 존재라는 사실을 깨닫고, 시편 23편에서 일평생 자신이 체험한 하나님을 고백하고 있다.

하나님은 다윗의 목자가 되어주셨다. 다윗은 험난한 세월을 살았다. 때로는 하나님께로부터 도움이 끊어진 것과 같은 상황에 놓였던 때도 있다. 때로는 하나님과의 관계가 끊어진 것 같고, 자기를 향한 하나님의 인자하심이 끝난 것 같은 절망적인 상황에서 몸부림치기도 했다. 그러나 다윗은 자신이 양떼를 칠 때 양떼들의 필요를 따라 내일을 준비했던 것처럼, 하나님께서도 자신을 위해 그렇게 하신다는 사실을 깨닫고 푸른 초장과 잔잔한 물가로 인도하시는 하나님을 찬양했다.

목초지의 풀이 없어질 무렵, 목자는 미리 정해 놓은 다른 목초지로 양떼를 데리고 간다. 양떼를 데리고 산을 넘는 일은 쉬운 일이 아니다. 그래서 목자는 골짜기나 계곡을 통과하게 된다. 양쪽의 높이 솟은 벼랑에서는 흙더미가 언제 쏟아질지 모르고, 또 언제 사나운 짐승의 습격을 받을는지 모른다. 그럼에도 불구하고 목자는 자기 양떼를 풍요로운 목초지로 이끌기 위해선 불가피하게 골짜기를 지나게 된다.

다윗은 목동 시절 양떼를 데리고 이런 골짜기를 통과해와야 했던 때를 회상할 때 자신의 지나온 인생길이 사망의 음침한 골짜기로 여겨졌다. 밝은 햇살 대신 어두컴컴한 그림자가 드리워진 골짜기를 지나면서 양들은 목자를 찾게 된다. 그러나 시력이 안 좋은 양들로서는 먼발치에 서거나 혹은 양들이 골짜기를 안전하게 지나도록 언덕 위에서 그들을 보살피고 있는 목자를 주목하기는 쉽지 않다.

다윗도 이러한 사실을 놓치고 살아갈 때가 있었다. 다윗은 사망의 음침한 골짜기와 같은 인생의 위기에 있을 때 마치 하나님께로부터 자신이 버림 받은 것 같은 외로움과 비통함을 느꼈다. 그러나 지나고 보니 사실은 위기의 골짜기를 혼자 통과했던 것이 아님을 알게 되었던 것이다.

그래서 다윗은 "내가 사망의 음침한 골짜기로 다닐지라도 해를 두려워하지 않을 것은 주께서 나와 함께 하심이라 주의 지팡이와 막대기가 나를 안위하시나이다"(시 23:4)라고 고백했다.

우리도 다윗처럼 인생 가운데 사망의 음침한 골짜기를 걸어갈 때가 있다. 그 때 우리는 자칫 모든 도움이 끊어졌다고 절망할 수 있고, 극한 시련과 도전 앞에 허물어질 수도 있다. 그러나 어려움을 당할 때

일수록 함께 하시겠다고 하신 하나님의 약속을 꼭 기억하고 하나님만 바라보아야 한다.

다윗의 노년

사자와 곰을 잡아 죽이고, 물맷돌로 골리앗을 쓰러뜨리고 천지를 진동케 했던 소년 다윗도 세월 앞에서는 어쩔 수 없는 인간의 모습을 열왕기상 첫 부분에서 발견하게 된다. "다윗 왕이 나이가 많아 늙으니 이불을 덮어도 따뜻하지 아니한지라"(왕상 1:1).

이 때 다윗은 약 70세쯤 되었다. 다윗도 늙고 병들어 마침내 생의 마지막을 맞게 되었다. 사람은 누구나 나이를 먹게 되어 있다. 태어남이 있으면 죽음이 있는 것이다. 이 사실을 깨닫지 못하고 이 땅에서 영원히 살 것처럼 살아가는 사람만큼 어리석은 사람도 없다. 나이에 맞게 살아야 한다. 20, 30대의 젊음을 부러워하며 흉내 내면서 산다면 많은 세월을 헛되이 사는 것이다.

'요즘 젊어 보이십니다'라는 인사를 받으면 어린아이처럼 좋아하지 말고 '이제는 늙었구나'라고 생각하고 늙음을 인정해야 한다. 늙지 않으려 한다고 늙지 않는가? 생로병사는 하나님께서 정하신 인간의 운명이다. 모든 사람은 늙는다. 이미 몸은 늙어가고 있는데 젊어 보이려고 기를 쓴다면, 미안한 말이지만 그것은 발악이다. 당연히 늙는다는 생각을 하면서 하나님께서 정하신 순리대로 살아야 한다.

늙는다는 것을 안타깝게 생각하지 말고 자연스런 일생의 과정으로 받아들여야 한다. 봄의 녹음도 아름답지만 가을의 단풍은 더 아름답다. 마찬가지로, 젊음도 아름답지만 나이 먹는 것은 더 아름답다. 낙엽은 잎의 단순한 죽음이 아니라, 토양의 비옥함을 위한 자기희생이다. 죽어서 생명을 이어가는 것이 모든 초목의 대법칙이다. 그러므로 죽는 것은 더욱 더 아름다운 것이다. 우리의 죽음은 하나님께서 허락하신 것이기 때문이다.

병상에 누운 다윗은 하나님 앞에 꿇어 엎드려 기도를 드렸다. "늙을 때에 나를 버리지 마시며 내 힘이 쇠약할 때에 나를 떠나지 마소서"(시 71:9). 그의 기도대로 하나님께서는 다윗을 떠나지 않으셨으며, 그가 늙었을 때 버리지 않으셨다. 하나님은 늙고 연약해진 다윗에게 힘을 허락하사 그 집과 나라가 다윗의 죽음 이후를 준비할 수 있도록 하셨다.

다윗의 죽음 준비

다윗은 죽음을 앞두고 두 가지를 준비했다. 하나는 성전 건축을 위한 준비였고, 또 하나는 솔로몬이 왕권을 이어받아 형통할 수 있도록 세워주는 일이었다.

성전 건축 준비

다윗의 평생 소원은 하나님의 성전을 짓는 일이었다. 그는 성전 건축을 위하여 많은 보물들을 예비했다(대상 29:2). 그러나 하나님께서는 다윗이 군인으로서 피를 너무 많이 흘렸기 때문에 그에게 허락하지 않으시고 그의 아들을 통해서 성전을 건축하도록 하셨다.

다윗은 백성들을 모아놓고 솔로몬을 도와주라고 독려하면서 솔로몬 왕이 감당해야 할 성전 건축을 위해서 자신이 평생에 모은 개인 재산을 모두 기쁘게 예물로 드렸다. 그가 드린 예물은 금 3천 달란트(약 102톤), 은 7천 달란트(약 242톤)였다. 그러자 백성들도 자발적으로 즐거이 하나님께 예물을 드렸다. 다윗의 호소를 듣고 백성들이 드린 예물은 금 5천 달란트(약 170톤), 은 1만 달란트(약 340톤), 놋 1만 8천 달란트(약 613톤), 철 10만 달란트(약 3,400톤), 기타 보석류였다.

지도자는 솔선수범하여 본을 보일 수 있어야 한다.

아이젠하워는 장군 출신의 미국 대통령으로서 사람들에게 지도력을 인정받았다. 어느 날 그는 지도력에 대한 질문을 받았다. 그는 책상 위에 50센티미터 가량 되는 실을 늘어놓았다. 그리고 나서 질문한 사람에게 뒤에서 밀어보라고 했다. 실은 구부러질 뿐 앞으로 조금도 나아가지 못했다. 그러자 그는 앞에서 실을 끌어 당겼다. 실은 곧게 끌려갔다. 이 때 아이젠하워는 “지도력의 비결은 앞에서 솔선수범하는 것입니다. 짐승은 뒤에서 몰아가야 하지만, 사람은 앞에서 인도해야 합니다”라고 말했다.

지도자가 앞장서서 갈 때, 사람들은 그 뒤를 따르는 것이다. 다윗은 백성들이 바친 물건으로 인해 심히 기뻐하면서 하나님께 감사 기도를 드릴 때 "나와 내 백성이 무엇이기에 이처럼 즐거운 마음으로 드릴 힘이 있었나이까 모든 것이 주께로 말미암았사오니 우리가 주의 손에서 받은 것으로 주께 드렸을 뿐이니이다"(대상 29:14)라고 고백했다.

사실 우리가 가지고 있는 모든 것은 주님의 것이다. 우리가 물질을 소유한다는 것은 이 세상에서 순례자로 살아가는 동안 당분간 필요한 것들을 보관하는 것이지, 그것을 영원히 소유하는 것은 아니다. 하나님 나라를 위해서 필요하다면 주님께 받은 것을 기꺼이 도로 내어놓을 수 있어야 한다.

40킬로미터가 넘는 마라톤의 결승점을 통과한 선수에게 아직도 뛸 힘이 남아 있다면 그는 경기에 최선을 다한 것이 아니다. 세상을 떠날 때 동전 하나도 가지고 갈 수 없다는 사실을 절대 잊지 말아야 한다. 살아 있는 동안에 주님을 위해 가지고 있는 모든 것을 다 쓰고 남겨놓은 것 없이 가야 한다.

살아 있는 동안에

대개 유산은 죽음 이후에 정리된다. 그 과정에서 가족들 간에 불미스러운 일들이 일어나기도 한다. 하지만 다윗의 재산은 그가 살아 있는 동안에 깔끔하게 정리되었다. 그는 자식들에게 재산을 물려주지 않았고 성전 건축을 위하여 모든 것을 하나님께 드렸다.

한 부자가 어느 목사님에게 찾아와 물었다.

"왜 모든 사람들이 언제나 나를 인색하다고 비난할까요? 내가 죽은 다음에 자선 사업 기금으로 내가 가진 모든 것을 남기기로 했다는 것을 모두 알고 있으면서 말입니다."

"글쎄요……." 목사님은 잠시 생각에 잠기더니 대답했다.

"제가 돼지와 암소에 대한 이야기를 하나 해드리지요. 하루는 돼지가 암소를 찾아와 불평하기를, 자기는 도무지 사람들에게 인기가 없다는 것이죠. '사람들은 언제나 너의 점잖고 친절한 태도에 대해서 이야기해. 너는 사람들에게 우유와 버터를 주지. 하지만 나는 그 이상을 준단다. 나는 그들에게 베이컨과 햄, 그리고 털을 줘. 심지어 그들은 내 다리까지 절여 먹잖아! 그런데도 아무도 나를 좋아하지 않아. 나는 언제나 돼지일 뿐이야. 왜 그럴까? 왜 사람들은 갖고 있는 것을 주는 나보다 너를 더 좋아할까?' 암소는 이렇게 대답했어요. '아마도 나는 살아 있는 동안 주기 때문일 거야.'"

집도, 차도 없이 임대 아파트에서 살면서 25년간 4조 원을 기부한 척 피니의 좌우명은 '수의에는 주머니가 없다'였다. 그의 기부는 지금도 진행 중이다. 그는 말한다. "기부는 하루아침에 이루어지는 일이 아니에요. 그리고 기부를 하고 싶다면 살아 있는 동안에 하라고 말하고 싶습니다. 그렇게 하면 죽을 때까지 기다리는 것보다 더 큰 만족을 얻을 수 있기 때문이죠."

노년의 아름다움은 주는 데서 빛이 난다. 인생은 빈손으로 왔다가 빈손으로 돌아가는 것이다. 이제 떠날 날이 눈앞에 다가온 노인들로서는 더 이상 움켜쥐고 있어야 할 필요가 없다. 하나라도 남기지 말고 살아 있는 동안에 아낌없이 주고 떠날 수 있어야 한다.

오늘날 세계 최강의 나라가 된 미국의 저력은 자원 봉사 정신과 기부 문화라고 할 수 있다. 미국에서는 1년에 4천만 명이 자원 봉사에 나선다. 그리고 미국 국민의 98퍼센트가 한 차례 이상 기부 행위에 참여하고 있다. 이것은 우리가 본받아야 할 정신이요 문화이다. 우리나라의 장래는 국민들이 얼마나 이 수준을 높일 수 있느냐에 달려 있다고 해도 과언이 아닐 것이다.

다윗의 유언

다윗은 솔로몬을 왕으로 세우면서 마음 가운데 두려움이 있었다. 솔로몬이 모든 것을 다 가졌으나 연륜과 경험이 부족했기 때문이었다. 다윗은 꿈에 부푼 아들에게 왕좌에 앉은 자의 외로움, 진정한 친구 하나 없는 고독, 권력을 가진 자에게 찾아오는 유혹, 지나친 책임감으로 인한 정신적인 부담 등에 대해서 차마 말해 줄 수 없었다. 설명을 해 준다 해도 이해할 수 있는 상황이 아니었다. 지금 솔로몬의 눈에는 찬란한 미래가, 그리고 귀에는 자신에 대한 찬양 소리만이 들려왔기 때문이었다.

다윗은 죽음을 앞두고 솔로몬에게 몇 가지 중요한 유언을 남겼다. 유언은 인생의 결론이다. 유언은 인생을 통해 경험한 가장 귀한 교훈을 소중한 사람에게 선물로 남기는 것이다. 다윗은 솔로몬에게 하나님의 명령, 구체적으로 모세의 율법에 명시된 하나님의 명령을 지킬 것을 충고하고, 이에 순종할 때 만사가 형통하고 그의 왕위가 자손들을 통해 계속 존속될 것이라고 선언했다.

솔로몬은 다윗이 세상을 떠난 후 하나님 앞에 일천 번제를 쌓았다. 그 때 하나님께서 솔로몬의 꿈에 나타나 소원을 물으셨다. 그러자 솔로몬은 선악을 분별할 수 있는 지혜를 구했다. 분명히 솔로몬도 왕으로서 부귀영화를 누리고 싶었을 것이고, 전쟁에 나가서 승리도 하고 싶었을 것이고, 모든 것을 다 갖고 싶었을 것이다.

이스라엘의 초대 왕 사울은 좋은 조건을 가지고 있었으나, 미련하게도 자신의 이름을 높여 달라고 하다가 하나님께 버림을 받았다.

그런데 솔로몬은 하나님 앞에 지혜 한 가지를 구했다. 이것은 참으로 대단한 선택이었다. 그러면 솔로몬이 이것을 누구에게서 배웠을까? 아버지 다윗에게 배운 것이다. 다윗은 떠나기에 앞서 솔로몬에게 이런 유언을 했다.

> "내가 이제 세상 모든 사람이 가는 길로 가게 되었노니 너는 힘써 대장부가 되고 네 하나님 여호와의 명령을 지켜 그 길로 행하여 그 법률과 계명과 율례와 증거를 모세의 율법에 기록된 대로 지키라 그리하면 네가 무엇을 하든지 어디로 가든지 형통할지라"(왕상 2:2-3).

우리는 여기서 다윗이 형통했던 비결을 알 수 있다. '너는 힘써 대장부가 되라'는 말은 '너는 강하게 되어라. 그리고 남자가 되어라'는 뜻이다. 이러한 다윗의 유언은 모세가 세상을 떠난 후에 이스라엘 백성을 이끌고 가나안 정복 전쟁을 수행해야 하는 막중한 책임을 떠맡은 여호수아에게 하나님께서 주신 권면과 동일하다.

여호수아 1:7을 보면 하나님께서는 여호수아에게 "오직 강하고 극히 담대하여 나의 종 모세가 네게 명령한 그 율법을 다 지켜 행하고 우로나 좌로나 치우치지 말라 그리하면 어디로 가든지 형통하리니"라고 말씀하셨다. '오직 강하고 극히 담대하여'라는 말씀과 '율법을 준수하라'는 말이 서로 연결되어 있다. 솔로몬에게도 마찬가지로 '대장부가 되라'는 말과 '하나님의 명령을 지키라'는 말이 서로 연결되어 있다.

그러므로 다윗이 솔로몬에게 '대장부가 되라'고 한 말은 하나님의 말씀을 지키기 위해서 강하게 되라는 것이다. "그리하면 네가 무엇을 하든지 어디로 가든지 형통할지라"고 했다. 여기서 '형통'이라는 히브리 말은 '타스킬'로서 '지혜롭게 되는 것'을 의미한다. 즉, 하나님의 계명을 잘 지키는 사람은 지혜롭게 되는 것이고, 그로 인해 무엇이든지 잘 되는 것을 말한다.

이와 같은 다윗의 유언 때문에 솔로몬은 지혜롭게 되는 것을 형통의 비결로 알았다. 솔로몬은 다윗을 통해 지혜의 중요성을 알고 있었고, 지혜를 사모했다. 그랬기 때문에 하나님께서 솔로몬의 꿈에 나타나 "내가 네게 무엇을 줄꼬 너는 구하라"(왕상 3:5)고 했을 때 고민하지 않고도 즉석에서 자신이 가장 원하는 바가 무엇인가를 말할 수 있었다. 솔로몬에게 했던 다윗의 유언은 자신이 경험한 형통의 비결을 밝힘과 아울러 하나님의 뜻을 대변한 것으로서 솔로몬 왕뿐만 아니라 그 이후 모든 왕들에게 주는 교훈이요 시대를 뛰어넘는 유언이라고 할 수 있다.

다윗이 언급한 대로 죽음은 '세상 모든 사람이 가는 길'이다. 죽음은 피할 수 없다. 누구에게나, 언제든지, 어디에서나 일어날 수 있다. 그러므로 우리는 다윗을 통해 유언의 중요성을 깨닫고 평소에 유언을 준비하고 살아야 한다. 나는 매년 한 번씩 유언장을 작성한다. 근래에는 성도들에게도 유언장을 쓰게 함으로써 비우고 내려놓는 삶을 살도록 가르치고 있다.

특별히 중병에 든 사람이라면 자기가 맞이하기를 원하는 죽음의 방식을 가족과 협의할 필요가 있고, 이를 유언장 형식으로 문서화 해두면 만약의 사태에 대비할 수 있다. 임종이 가까워지면 죽음을 현실로 받아들이고 자연적인 죽음을 맞이할 수 있어야 한다. 물론 고통을 완화하는 조처는 필요하지만, 인위적으로 생명을 연장시키려고 하거나 무모한 치료를 하는 일은 바람직하지 않다.

유언장은 죽음이 코앞에 닥친 위기 때보다 정신이 온전하고 기력이 있을 때 가족들에게 본인의 앞날을 어떻게 했으면 좋겠다고 미리

써 두는 것이 바람직하다. 그러면 가족들도 평안해 할 것이다. 유언장은 자신의 삶을 돌아보고 남은 시간을 어떻게 보내야 할지 계획하도록 도와준다. 유언장에 들어가면 좋을 내용으로는 자신이 걸어온 길, 남기고 싶은 이야기, 예금과 채무 사항의 재산 정리 등이 있다.

병에 걸려 회생이 불가능한 환자로서 혹시 의식이 없어질 경우 생명 연장을 위하여 인공적인 치료와 기구 사용을 금하도록 하는 일도 중요한 사항이다. 죽음을 맞이했을 때 장례식 절차와 시신 처리 방법, 세상을 떠났을 때 연락해야 할 사람들 등 구체적인 장례 관련 내용들을 적어두는 것이 필요하다.

유언장이 법적으로 효력을 발휘하기 위해서는 반드시 자필로 쓴 뒤 주소와 이름과 작성일자를 적고 도장을 찍어야 하고, 컴퓨터 워드로 작성했거나 대필한 경우는 공증을 거쳐야 한다. 글을 쓰기 어려운 경우에는 녹음하거나 비디오 녹화를 통해 유언할 수도 있다.

재산을 많이 가지고 있고 정리할 것이 많은 사람이라면 죽음 이후에 문제가 일어나지 않도록 법률적으로 효력을 나타낼 수 있는 유언장도 필요할 것이다. 하지만 우리는 가슴에 맺힌 것들을 풀어줄 수 있는 사랑의 편지로서의 유언장을 남길 수 있다면 더 좋을 것이다.

유언장을 쓰거나 남길 말을 생각하는 일은 결코 쉬운 일이 아니다. 처음 유언장을 쓰는 사람은 아무 생각도 나지 않을 수도 있다. 유언장 작성은 간단히 되지 않는다. 먼저 죽음을 현실로 인식할 수 있어야 하고, 복잡한 생각들이 정리되어야만 한다. 그동안 자신이 어떻게 살아왔는지 점검하고, 자신과 다른 사람들과의 관계도 돌아볼 수 있어야 한다.

다윗의 죽음

다윗은 다가오는 죽음을 평안히 맞이했다. 그는 죽음을 거부할 이유가 없었다. 우선 그의 연수가 짧지 않았고, 그는 왕으로서의 소임을 다했으며, 이제 보위(寶位)는 성공적으로 아들 솔로몬에게 이어졌다. 가정에 평화가 찾아왔기 때문에 다윗의 마음은 평안했다.

무엇보다도 중요한 것은 다윗이 가장 소중히 여기는 부활의 소망이 그 어느 때보다 간절해졌기 때문이었다. 다윗은 죽음의 그림자가 자신 위에 드리워지자 구체적인 소망을 외쳤다. "우리에게 여러 가지 심한 고난을 보이신 주께서 우리를 다시 살리시며 땅 깊은 곳에서 다시 이끌어 올리시리이다"(시 71:20). 다윗은 부활의 소망을 안고 평안히 눈을 감을 수 있었다. 그는 자신의 고백대로 모든 사람들이 가는 길로 갔다.

"다윗이 그의 조상들과 함께 누워 다윗 성에 장사되니"(왕상 2:10).

"그가 나이 많아 늙도록 부하고 존귀를 누리다가 죽으매 그의 아들 솔로몬이 대신하여 왕이 되니라"(대상 29:28).

수없는 죽음의 고비를 넘긴 다윗이었지만, 그는 형통을 누리며 이스라엘의 전성시대를 열었다. 다윗의 삶은 사람의 살고 죽는 일이 전적으로 하나님의 손에 달려 있음을 가르쳐 주고 있다.

역대하 18장을 보면, 이스라엘 왕 아합이 유다 왕 여호사밧과 연합해서 아람과 전쟁을 했다. 이 때 아합 왕은 여호사밧에게는 왕복을 입으라고 하고, 자신은 변장하고 군사들 틈에 끼어들었다. 그러나 한 병사가 우연히 활을 당기어 아합을 맞추었고, 이 날 전쟁이 맹렬했기 때문에 아합은 군사들 틈에서 빠져나오지 못하고 갇혀 있다가 아무런 치료를 하지 못하고 그 날 저녁 병거 안에서 죽고 말았다.

아합과 다윗을 비교해 보면, 하나님의 섭리가 분명히 드러나 보인다. 하나님께서 붙들어 주시지 않으면 아무리 살려고 발버둥을 쳐도 죽게 되고, 하나님께서 역사하시면 죽을 수밖에 없는 상황에서도 살게 된다. 생사는 하나님의 손에 달려 있다.

죽기 전에 해야 할 일

1. 다윗은 그의 아들 솔로몬에게 중요한 신앙 교훈을 남기고 세상을 떠났는데, 바로 지혜의 삶이었다. 이것이 솔로몬의 형통의 비결이었는데, 당신은 자녀에게 어떤 신앙 교훈을 남기고 싶은가?
2. 노년의 아름다움은 주고 나누는 것에서 빛이 난다. 다윗처럼 살아 생전에 재산을 정리하고, 주고 떠날 수 있겠는가? 당신은 이 점에서 어떠한가?

Part 3

예수님과 제자들

7

예수

– 웰다잉의 최고봉

성경 66권은 예수 그리스도를 주제로 삼고 있다. 구약성경의 메시아 예언들은 예수님의 죽음에 초점을 맞추고 있고, 복음서 역시 예수님의 삶보다는 죽음과 관련된 내용들을 주로 다루고 있다. 사람들은 살기 위해서 태어난다고 하지만, 예수님은 오히려 죽기 위해서 오셨다.

예수님은 제자들에게 자신이 예언대로 죽을 것이고, 삼일 만에 부활할 것이라고 가르치셨다. 예수님은 늘 죽음을 의식하면서 사셨다. 죽음을 의식하며 사는 사람의 하루는 별 생각 없이 사는 사람의 10년과도 같은 것이다. 예수님은 비록 33세의 짧은 생애를 사셨지만, 죽음을 준비하면서 사셨기 때문에 불과 3년의 세월 동안 자신의 죽음 이후의 사역을 감당할 제자들을 키워내셨고, 십자가에서 인류 구원의 위대한 역사를 이루실 수 있었다.

예수님의 죽음 이해

회당장 야이로의 딸이 죽었을 때 예수님은 피리 부는 자들과 훤화하는 무리를 보시고 "물러가라 이 소녀가 죽은 것이 아니라 잔다"(마 9:24)고 하셨다. 예수님은 '죽음'을 '잠'으로 표현하셨다. '잔다'는 표현은 영혼에 대한 것이 아니라, 육신을 가리키는 것이다. 나사로가 죽었을 때도 역시 "우리 친구 나사로가 잠들었도다 그러나 내가 깨우러 가노라"(요 11:11)고 하셨다.

그러면 예수님은 왜 죽음을 가리켜 '잔다'고 말씀하셨을까? 이에 대해 라일은 "잠은 인간에게 닥칠 수 있는 가장 고통스런 사건을 완곡하면서도 감동적으로 표현한 말이며, 부활을 떠올리기에 가장 적합한 말이다"라고 했다.

잠과 죽음의 유사점

잠을 자는 것과 죽음 사이에는 흡사한 점이 많다. 잠자고 있는 사람은 죽은 듯이 보일 수 있고, 죽은 사람은 잠자고 있는 것처럼 보이기도 한다. 그래서 호머는 '잠'을 '죽음의 형제'라고 불렀다.

그러면 잠과 죽음은 어떤 점이 비슷할까?

첫째로, 휴식을 얻는다는 점이다. 사람들은 잠을 통해서 정신과 육체의 수고에서 벗어나 휴식을 얻는다. 마찬가지로, 그리스도 안에서 죽은 사람들은 그들의 수고로운 삶을 마치고 주님 품 안에서 안식을 얻는 것이다.

둘째로, 다시 깨어난다는 점이다. 잠을 잔 후에 사람들은 다시 깨어난다. 마찬가지로, 성도들의 육체는 마지막 날, 주님께서 다시 오실 때 무덤에서 다시 일어나게 된다(살전 4:16).

셋째로, 생기를 얻는다는 점이다. 우리가 잠을 자고 나면 피곤이 사라지고 몸에 생기가 나는 것처럼, 무덤에서 부활한 성도들의 몸은 더욱 훌륭한 상태로 변화된다. 썩을 것에서 썩지 아니할 것으로 다시 살며, 욕된 것에서 영광된 것으로, 약한 것에서 강한 것으로, 육의 몸에서 신령한 몸으로 다시 살게 된다(고전 15:42-44).

어떤 사람이 밤늦게 집에 돌아왔다. 부모님과 나눌 이야기가 있었지만 부모님이 주무시고 계셨기 때문에 그 사람은 아침에 이야기하기로 하고 부모님의 모습을 한 번 보고는 잠자리에 들었다. 죽음은 잠자는 것과 같다. 잠자는 사람을 보고 울며 슬퍼할 일은 없다. 그 이유는 부활의 아침이 오면 다시 만나서 이야기할 수 있기 때문이다.

하루 종일 피곤하게 일하고 나면 오히려 안식할 수 있는 그 시간을 기다리게 된다. 잠자리에 드는 그 시간이 마냥 행복하다. 밖에서 일하다가 저녁에 집에 돌아오면 우리는 잠시 쉬다가 잠옷으로 갈아 입는다. 이불 속으로 들어간다. 불을 끄고 잠을 잔다. 그리고 아침에 일어나서 새 날을 맞이한다. 이러한 우리의 삶을 죽음으로 연관시켜 생각해 보라.

인생의 저녁이 되면 수고하던 직장에서 은퇴하여 잠시 쉬다가 인생의 밤을 맞게 되는데, 잠옷을 입는 것은 수의를 입는 것이고, 이불 속으로 들어가는 것은 관 속으로 들어가는 것이고, 불을 끄고 잠을 자는 것은 무덤 속에 머무는 것이고, 아침에 일어나 새 아침을 맞는 것은 부활하여 하늘나라에서 새로운 삶을 사는 것이다. 알고 보면 우리는 날마다 죽음과 부활을 연습하며 살고 있다.

굿바이와 굿나잇

미국의 어느 실업가가 자동차 사고로 중상을 입고 병원에 누워 있었다. 앞으로 몇 시간 밖에 살 수 없다는 의사의 말을 듣고 그는 온 가족을 불러 모았다. 그는 천국에 대한 신앙 목표가 분명한 사람이었다. 먼저 슬픔에 잠겨 있는 아내에게 그리고 4남매 자녀들을 위로하고 격려했다.

그는 자기 아내의 손을 꼭 잡고 천국의 새 아침에 기쁜 얼굴로 만나자고 약속하고 굿나잇(good night)으로 작별했다. 첫째 딸에게도 굿나잇으로, 장남을 불러 놓고 역시 굿나잇했다. 그런데 둘째 아들은 건너뛰고 막내 딸을 불러서 천국의 새 아침에 만날 것을 약속한 다음 굿나잇으로 작별했다. 마지막으로 그는 둘째 아들을 부른 다음, 몇 마디의 격려를 하고 굿바이로 인사했다.

미국 사람들에게 있어서 굿나잇은 잠들기 전에 그러니까 아침이 되면 다시 만날 것을 생각하며 하는 인사이고, 굿바이는 오랜 세월이 흘러도 다시 만날 수 없는 상황이거나 영영 볼 수 없는 경우에 쓰는 인사이다.

깜짝 놀란 둘째 아들은 유독 자기에게만 굿바이로 작별한 이유를 알 수 없어서 아버지에게 그 이유를 물었다. 그러자 눈물로 가득 찬 아버지의 시선이 그에게 멎더니 실망한 표정을 지으며 말문을 열었다. "아들아, 우리 가족 중에 오직 너 혼자만 넓은 길을 택했으니 굿바이하지 않을 수가 없구나."

둘째 아들은 비로소 하나님 앞에 엎드려 자신의 죄와 허물을 생각하며 몸부림치기 시작했다. 지상에서처럼 천국에서도 온 가족이 다시 만나 살게 해달라고 눈물로 간구했다. 비로소 아버지의 얼굴에 환한 미소가 떠오르기 시작하더니 둘째 아들을 붙잡은 손에 힘을 주면서 천국의 새 아침에 다시 만나자고 하면서 굿나잇으로 인사했다.

만약 당신이 사랑하는 가족들과 헤어지게 된다면 어떤 인사를 할 것인가? 굿나잇인가, 아니면 굿바이인가? 우리의 마지막 인사는 굿나잇이어야 한다.

예수님의 죽음 준비

복음서를 읽어보면, 예수님의 공생애는 베드로의 신앙 고백을 기점으로 전환점을 맞이하게 된다. 베드로의 신앙 고백 이전에 예수님은 수많은 기적을 행하셨고, 그 기적을 통하여 사람들에게 자신이 메시아 되심을 계시하셨다. 그러나 베드로의 신앙 고백 이후 예수님은 제자들에게 비로소 십자가의 고난과 죽음에 대해 말씀하시면서 예정된 죽음의 길을 향해 걸어가셨다.

예수님의 죽음 준비는 특별했다. 다른 사람들은 죽음 자체만을 맞이하면 됐지만, 예수님은 그 죽음에 앞서 인류의 죄를 대신 지고 십자가에 달리셔서 하나님 아버지와의 영적 단절을 경험하며(마 27:46), 말로 형언할 수 없는 육체의 고통을 감수하셔야 했다. 이런 점에서 예수님의 죽음 준비는 다른 사람들과 큰 차이가 있었고, 우리는 이 점을 주목할 필요가 있다.

나의 길을 가리라

예수님은 마지막 한 주간을 남겨두고 예루살렘으로 올라가고자 하셨다. 그 때 어떤 바리새인이 예수님께 나아와서 "여기를 떠나소서 헤롯이 당신을 죽이고자 하나이다"(눅 13:31)라고 말을 했다.

그러자 예수님은 이렇게 대답하셨다.

> “너희는 가서 저 여우에게 이르되 오늘과 내일은 내가 귀신을 쫓아내며 병을 고치다가 제삼일에는 완전하여지리라 하라 그러나 오늘과 내일과 모레는 내가 갈 길을 가야 하리니 선지자가 예루살렘 밖에서는 죽는 법이 없느니라”(눅 13:32-33).

헤롯의 협박의 말은 예수님에게 전혀 걸림돌이 되지 않았다. “오늘과 내일은 내가 귀신을 쫓아내며 병을 고치다가 제삼일에는 완전하여지리라”는 말씀에서 오늘은 ‘현재’를, 내일은 ‘예루살렘에 이르기까지의 기간’을, 제삼일은 ‘예루살렘에서 십자가에 죽으심으로써 사역을 완성하기까지의 기간’을 뜻한다고 볼 수 있다. 그리고 ‘완전하여지리라’는 말씀은 예루살렘에서의 죽음과 부활을 통해 그의 지상 사역을 완수하신다는 뜻이다. 그런데 여기서 수동태가 사용된 것은 하나님이 그 일을 완성하신다는 사실을 암시하는 것이다.

“그러나 오늘과 내일과 모레는 내가 갈 길을 가야 하리니”라는 말씀에서 ‘오늘과 내일과 모레’는 예루살렘에서 구원의 완성을 이루기까지 예수님이 계속 사역을 수행해야 할 기간을 뜻하는 문학적인 표현으로써 예수님이 걸어가시는 길을 누구도 방해할 수 없음을 뜻하는 것이다.

사람에게 있어서 가장 두려운 것은 죽음이다. 프란시스 베이컨은 “사람들은 어린아이들이 어둠을 두려워하듯이 죽음을 두려워한다”고 했다. 윌리엄 스털링은 “죽음은 두려움의 마지막 대상이다”라고 했다. 프랑스의 루이 15세는 신하들이 자기 앞에서 죽음이라는 말을 하기만 하면 무조건 그들을 감옥에 보냈다. 그는 그만큼 죽음을 두려워했던 것이다.

그런데 예수님은 죽음에 대해 두려움이 아니라 그것을 정면으로 받아들이고자 하는 능동적인 모습을 보여주고 있다. 가장 무서운 사람은 죽음을 각오한 사람이다. 죽음을 각오한 사람은 누구도 감당할 수 없다.

겟세마네 동산에서의 기도

예수님은 마지막 유월절을 맞아 예루살렘에 입성하여 성전을 청결케 하시고, 제자들과 함께 최후의 만찬을 가지셨다. 그리고 겟세마네 동산으로 가셔서 죽음을 맞이하기 위한 준비를 하셨다. 예수님은 고난의 잔을 피하고 싶었다. 그래서 십자가에서의 죽음을 바라보며 땀방울이 핏방울이 되도록 힘써 기도하셨다. "예수께서 힘쓰고 애써 더욱 간절히 기도하시니 땀이 땅에 떨어지는 핏방울 같이 되더라"(눅 22:44).

하나님께서는 범죄한 아담에게 "네가 흙으로 돌아갈 때까지 얼굴에 땀을 흘려야 먹을 것을 먹으리니"(창 3:19)라고 말씀하셨다. 인간의 땀방울은 죄로 말미암은 것이지만, 예수님의 땀방울은 죄를 대신하기 위한 것이었다. 히브리서에서는 겟세마네 동산에서 기도하시던 예수님의 모습을 이렇게 말씀하고 있다.

"그는 육체에 계실 때에 자기를 죽음에서 능히 구원하실 이에게 심한 통곡과 눈물로 간구와 소원을 올렸고 그의 경건하심으로 말미암아 들으심을 얻었느니라"(히 5:7).

예수님은 통곡하며 눈물로 기도하셨다. 이것은 복음서에 기록되어 있지 않은, 히브리서만이 전하고 있는 내용이다. '간구와 소원'은 모두 복수형이며, 계속해서 많이 기도하신 것을 의미한다.

기도에는 점점 높아져가는 세 가지 종류가 있다. 기도, 그 다음 부르짖음, 그 다음 눈물이다(시 39:12). 기도는 고요히 드리는 것이고, 부르짖음은 소리를 높여 하는 것이고, 눈물은 모든 것을 극복하는 마지막 단계의 기도이다. 눈물이 통과하지 못하는 관문은 없다.

"그의 경건하심으로 말미암아 들으심을 얻었느니라"는 말씀은 "나의 원대로 마시옵고 아버지의 원대로 하옵소서"(막 14:36)라고 하신 예수님의 깊은 경외심을 가리키는 것이다. 이러한 예수님의 기도는 인류를 위한 대속적 죽음을 결단하는 기도로써 영원한 대제사장이 되시기에 합당한 기도였다. 이런 경외에 찬 기도가 하나님의 응답을 받는 것이다. 하나님은 예수님의 이 기도에 응답하셔서 예수님을 죽음에서 부활하게 하셨다.

예수님은 겟세마네 동산에서 기도 중에 제자들을 찾아와 깨어서 기도하라고 하셨다. 그러나 제자들은 주님과 함께 한 시간을 깨어서 기도하지 못했다. 예수님은 세 번째 와서는 잠들어 있는 제자들에게

"이제는 자고 쉬라 보라 때가 가까이 왔으니 인자가 죄인의 손에 팔리느니라"(마 26:45)고 말씀하셨다.

하나님께 쓰임 받았던 하나님의 사람들은 모두 기도의 사람들이었다. 16세기 종교 개혁자 마르틴 루터는 "만약 내가 매일 아침 두 시간씩 기도하지 아니하면 그 날은 사탄이 나의 하루를 지배해 버린다. 그래서 나는 하는 일이 너무 많기 때문에 하루에 세 시간을 기도하지 않으면 도무지 다른 일을 할 수 없을 것이다"라고 했다.

18세기 영국의 부흥을 주도했던 조지 휫필드는 매일 10시에 잠자리에 들고 4시에 일어나서 기도했다. 감리교 창시자 존 웨슬리도 기도의 사람으로서 매일 두 시간 이상 기도했다. 영국 사회를 개혁한 윌리엄 윌버포스는 매일 세 시간 이상씩 기도하는 것을 규칙으로 삼았다.

예수님은 겟세마네 동산에서의 기도를 통하여 고난의 잔을 피하려고 했던 마지막 유혹을 물리치고 하나님의 뜻에 순종하실 수 있었다. 예수님은 "일어나라 함께 가자 보라 나를 파는 자가 가까이 왔느니라"(마 26:46)고 말씀하셨다. 기도하신 예수님은 십자가의 길을 갈 수 있었고, 기도할 때를 놓쳐 버린 제자들은 결국 이 일로 인해 주님을 따르지 못하고 주님을 배반하는 자들이 되어버리고 말았다. 우리는 연약하기 때문에 기도하지 않으면 실패하고 만다.

죽음을 향해 당당하게 걸어가실 수 있었던 예수님의 웰다잉의 비결은 기도에 있었다. 기도의 성자라고 불리는 할레스비는 "여러분,

기도하십시오. 죽음이 아름다워질 수 있도록 기도하십시오"라는 권면을 평생의 과업으로 알고 권했다고 한다.

임종을 위해 준비하는 그리스도인에게 죽음은 더 이상 두려움의 대상이 아니다. 부모님의 영광스런 임종을 위해서, 또한 자신과 가족의 웰다잉을 위해서 기도해야 한다.

예수님의 죽음

예수님의 죽음은 자연스런 죽음이 아니었다. 예수님은 죽임을 당했다. 빌라도 법정에서 로마 군병들에게 채찍을 맞는 일로부터 이미 죽음은 시작되었고, 골고다 언덕에 세워진 십자가에 못 박혀 6시간 동안 매달려 계시다가 운명하심으로 종결되었다.

십자가에서의 고난

사람들에게는 불행을 당한 자를 동정하는 마음도 있지만, 아울러 고통당하는 자를 조롱하고 저주하는 본성적인 악함이 있다. 지나가던 자들도 머리를 흔들며 예수님을 모욕했고, 예수님께 "십자가에서 내려오라"고 했다. 당시 사람들은 이적을 행해 십자가에서 내려올 수 있는 자가 하나님의 아들이요 메시아라고 생각했던 것이다.

예수님은 열두 군단 더 되는 천사를 동원해서 겟세마네 동산에서

잡히지 않을 수도 있었고(마 26:53), 십자가에서 얼마든지 내려올 수도 있었다. 그러나 그렇게 했더라면 예수님은 한낱 영웅이었지, 만민의 구주가 되지는 못했을 것이다. 그러므로 구세군의 창시자 윌리엄 부스는 "예수님께서 십자가에서 내려오지 않으셨기 때문에 우리는 그를 믿는 것이다"라고 말했다. 예수님은 죽으셔야만 했다. 예수님이 십자가에서 내려오시는 것을 거부하셨기 때문에 우리는 구원을 받고 한없는 하나님의 사랑 안에 거할 수 있게 된 것이다.

대제사장들도 서기관과 장로들과 함께 "그가 남은 구원하였으되 자기는 구원할 수 없도다 그가 이스라엘의 왕이로다 지금 십자가에서 내려올지어다 그리하면 우리가 믿겠노라"(마 27:42)라고 예수님을 희롱했다. 그들의 말은 예언적이었다. 예수님은 모든 능력을 남을 구원하는데 사용하셨고, 자신을 구원하는 데는 사용하지 않으셨다.

예수님이 십자가에 못 박히시기 전, 쓸개를 탄 포도주가 제공되었다. 이것은 십자가의 무서운 고통을 견딜 수 있도록 하기 위해 마취제를 넣은 것이다. 그러나 예수님은 그것을 맛보시고 마시고자 아니하셨다. 예수님은 자신에게 정해진 고통을 맑은 정신으로 당하시고자 했던 것이다.

예수님은 고통을 덜어주는 마취제까지 거절하시고 전적으로 자신을 멸하심으로 남을 구원하셨던 것이다. 예수님은 철저히 남을 위한 길을 걸어가셨다. 그러므로 우리가 지향해야 할 삶은 예수님께서 보여주신 대로 남을 위한 삶이어야 한다. 남을 위해 사는 삶은 말처럼 쉬운 것이 아니다. 이기적인 본성과 싸워 이겨야 한다. 남을 위해 살려면 혈과 육을 날마다 십자가에 못 박아야 한다. 이것은 우리가 주님 앞에 서는 그날까지 애쓰고 힘써야 할 거룩한 작업이다.

마태복음뿐 아니라, 다른 복음서에서도 예수님이 십자가에 못 박히신 사실에 대해서는 간략하게 기록하고 그 비참한 사실에 대해서는 묘사하지 않았다. 묘사하기에는 너무도 처참했기 때문일 것이다. 십자가 처형은 우리의 상상을 초월한다. 북미에서는 예수님의 수난을 그린 영화 'The Passion of The Christ'를 보다가 어떤 사람은 예수님의 수난과 십자가상 죽음이 너무나 끔찍하여 심장마비로 즉사하였다.

십자가 처형에 관해 의학적으로 연구하는 사람들은 사람이 못에 박혀 매달리게 되면 중추신경이 상하고, 발목뼈가 손상되고, 호흡상 곤란이 일어나고, 경련과 흉막 유출 등을 가져다준다고 말한다. 여기에 대한 자세한 내용은 「예수 사건」이라는 책에서 볼 수 있다. 기자 출신의 목사 리 스트로벨이 인터뷰 방식으로 쓴 이 책은 십자가의 죽음과 관련된 내용들을 각 분야의 전문가들의 증언을 통해 자세하게 설명을 해주고 있다.

이 책에서 리 스트로벨이 인터뷰했던 메드럴 박사는 십자가에 못 박히는 고통을 이렇게 표현했다.

우리가 어쩌다 팔꿈치를 부딪칠 때 찌릿함을 느끼게 되는데 손목과 발목에 대못을 박으면 손과 발로 지나가는 척골 신경이 부스러져 버린다. 그때의 고통은 찌릿함을 느끼게 하는 팔꿈치의 신경을 펜치로 잡고 비틀어서 뭉개는 것과 비슷하다. 그리고 십자가에 달리면 팔이 늘어나고 양쪽 어깨가 탈골이 된다.

십자가의 고통은 우리의 상상을 초월한다. 그러나 예수님은 십자가에서의 고통스러운 죽음을 철저하게 통과하셨다. 그 길만이 하나님을 기쁘시게 하는 아들의 길이며, 종의 길이며, 구세주의 길이었기 때문이다.

우리는 십자가를 생각하면서 여러 가지 궁금증을 가질 수 있다. 도대체 무엇이 예수님으로 하여금 비명을 지르지 못하도록 꽉 붙들고 있었을까? 어떻게 그 무서운 고통을 당하면서도 돌아버리지 않고 제 정신을 차리고 있을 수 있었을까? 그것은 사랑 때문이었다. 사랑은 오래 참고 견디는 것이다. 사랑 때문에 비명을 지르지 않았고, 까무러치지 않았고, 돌지 않았다. 그래서 어떤 성경학자는 "예수 그리스도를 십자가에 매달려 있게 한 것은 철못이 아니라 사랑이었다"라고 말했다.

주후 2세기경 북아프리카의 법률가요 신학자인 터툴리안은 초대교회 성도들의 모습을 이렇게 기록했다.

발걸음을 앞으로 옮기고 움직일 때마다, 들어가거나 나갈 때마다,

> 옷을 입고 신발을 신을 때에, 목욕할 때에, 식탁에 앉을 때에, 등잔에 불을 켤 때에, 침상에서, 좌석에서, 매일의 모든 일상적인 행동 속에서 우리는 이마에 십자가를 그렸다.

우리는 이러한 모습을 미신적이라고 하기 이전에, 초대교회 성도들이 얼마나 십자가를 사랑했었는지 생각해 볼 수 있어야 한다. 그들에게 십자가는 저주의 상징이 아니라, 그 무엇보다도 귀하고 사랑스러운 것이었다.

바울 역시 십자가를 매우 사랑했다. "십자가의 도가 멸망하는 자들에게는 미련한 것이요 구원을 받는 우리에게는 하나님의 능력이라"(고전 1:18)고 하였고, "그러나 내게는 우리 주 예수 그리스도의 십자가 외에 결코 자랑할 것이 없으니"(갈 6:14)라고 했다.

나에게 십자가는 어떤 의미를 지니고 있는지 생각해 보아야 한다. 많은 사람들이 별 생각 없이 십자가 목걸이나 장식을 하고 다니지만, 그리스도의 고난의 의미를 아는 사람에게는 십자가는 더 이상 무덤덤한 기독교의 상징이 아니다. 말로 다할 수 없는 감격이요 은혜요 최고의 자랑거리이다.

십자가의 은혜

인생이 대단한 것 같아도 종국에는 죽음을 맞이하고 만다. 그런데 죽음으로 끝이 나는 그 인생 한 가운데 하나님이 인간의 모습으로 찾아오셨다. 십자가의 죽음으로써 우리의 죄 값을 지불하셨고, 부활하심으로 허무와 절망뿐인 우리의 인생을 비전과 소망 있는 인생으로 바꾸어 주셨다.

예수님은 친히 "나는 부활이요 생명이니 나를 믿는 자는 죽어도 살겠고 무릇 살아서 나를 믿는 자는 영원히 죽지 아니하리니 이것을 네가 믿느냐"(요 11:25-26)고 하셨다. 예수님은 부활이요 생명이다. 믿는 자에게는 죽음의 문제가 해결되었다. 그러므로 밀턴은 "죽음은 영원한 세계를 여는 황금 열쇠이다"라고 했고, 성경학자 에드워드 영 박사는 "죽음은 인생의 면류관이다"라고 했고, 헨리 나우웬은 "죽음을 가장 가까운 친구로 받아들이라"고 했다.

십자가의 은혜는 죽음 이후에만 해당되는 것이 아니다. 성 프란시스가 자기 고향에 있었을 때의 일이었다. 하루는 자기 집 하인이 우물에서 물을 길어오는 모습을 지켜보고 있었다. 하인은 밭을 지나서 모퉁이에 있는 우물에서 물을 길어 왔다. 그런데 그는 물을 길을 때마다 한 가지 이상한 행동을 했다. 그렇게 깊지 않은 우물에다 큰 물통을 내려 물을 가득히 담은 후 끌어올릴 때 항상 조그마한 나무토막 하나를 그 물통 속에 던져 넣은 것이었다.

이를 신기하게 여긴 프란시스는 하인에게 그 이유를 물었다. "왜 물을 길을 때마다 물통 속에 나무토막을 집어넣어 끌어올리느냐?"

하인은 이렇게 대답했다. "물을 퍼 올릴 때 나무토막을 물통 안에

넣으면 물이 요동치지 않게 되어 물이 밖으로 흘러넘치는 것을 최대한 막을 수 있지요. 그래서 가능한 한 많은 물을 길어 올릴 수 있습니다. 나무토막을 넣지 않으면 물이 제 마음대로 출렁거려서 나중에 보면 반 통 밖에 안 될 때가 많거든요."

하인의 설명을 들은 프란시스는 크게 깨달은 바가 있어서 자기 친구에게 이런 내용의 편지를 썼다. "우리는 얼마나 자주 흔들리는 마음의 물통을 가지고 있는가? 두려움으로 흔들리는 마음, 고통으로 심하게 요동하는 마음, 절망으로 부서지는 마음, 이것은 마치 심하게 흔들리고 출렁거리는 물통과 같은 것이지. 그러나 거기에 십자가라는 막대기를 던져 보게."

십자가의 예수님은 고통을 맛보신 분이기에, 우리가 예수님을 바라볼 때마다 우리를 도우시고 우리의 고통을 함께 져주신다. 우리는 마음이 두려움과 공포로 짓눌리고 요동할 때가 있다. 그때마다 우리는 굳세게 십자가를 붙들어야 하고, 십자가에 기대야 하고, 십자가의 주님을 바라보아야 한다.

십자가에서의 일곱 말씀

복음서에는 예수님이 십자가에 달려 죽어 가시면서 남기신 일곱 마디의 말씀이 기록되어 있다. 이것을 가리켜 '가상칠언'(架上七言)이라고 부른다.

(1) "아버지 저들을 사하여 주옵소서 자기들이 하는 것을 알지 못함이니이다"(눅 23:34).

예수님을 십자가에 못 박은 자들은 한마디로 무지한 자들이었다. 자기 자신에 대한 무지, 예수 그리스도에 대한 무지로 말미암아 자신들이 하는 일이 죄인지도 모르고 엄청난 죄를 저질렀다.

그러나 예수님은 극심한 십자가 처형의 고통 속에서도 자신을 모욕하고 고통을 준 자들을 향하여 "아버지 저들을 사하여 주옵소서"라고 기도하셨다. 예수님은 무지한 저희들을 불쌍히 여기셨고, 끝까지 용서하셨다.

(2) "내가 진실로 네게 이르노니 오늘 네가 나와 함께 낙원에 있으리라"(눅 23:43).

예수님의 십자가 좌우에 두 십자가가 세워졌다. 그곳에 두 사람의 강도들이 매달렸다. 처음에 이들은 모두 예수님을 향해 욕을 했다(마 27:44). 그러나 한 강도는 예수님의 숭고한 모습을 보고 메시아이심을 깨달았다. 그는 예수님께 "당신의 나라에 임하실 때에 나를 기억하소서"(눅 23::42)라고 부탁했다. 그러자 예수님은 "오늘 네가 나와 함께 낙원에 있으리라"(눅 23::43)고 약속하셨다. 예수님은 마지막 순간까지 사랑을 베푸셨다.

어떤 사람은 '이제는 늦었다'고 자포자기를 한다. 그러나 기억하라. 한 강도는 죽기 일보 직전에 구원을 받았다. 구원 받고 은혜 받는 일에 있어서 늦었다는 말은 있을 수 없다. 지금이 바로 은혜 받을 때

요 지금이 구원의 날이다(고후 6:2).

(3) "여자여 보소서 아들이니이다 …… 보라 네 어머니라"(요 19:26, 27).

예수님은 하나님의 아들로서 인류를 구원하기 위한 일에 충성을 다하셨다. 하지만 인자로서 육신의 어머니를 소홀히 하지 않았다. 마지막 순간까지 어머니를 생각하며 연민과 사랑을 보여주셨다. 예수님은 제자 요한에게 어머니를 맡겼다.

(4) "나의 하나님, 나의 하나님, 어찌하여 나를 버리셨나이까"(마 27:46).

예수님은 우리의 모든 죄를 대신 짊어지시고 속죄의 제물이 되셨다. 하나님은 철저히 심판하셨다. 예수님의 절규는 사죄의 제물이 되셨음을 보여주는 것이다. 예수님은 하나님께 철저히 버림을 당하셨다. 이것은 우리를 대신한 버림당함이었다. 이로 인해 우리는 더 이상 하나님께 버림을 당하는 일이 없게 되었다.

(5) "내가 목마르다"(요 19:28).

하나님이시지만 인간의 몸을 입은 예수님은 사람들과 똑같이 육체의 한계와 희로애락의 감정을 느끼셨다. 배고파하셨고, 기뻐하셨고, 민망해하셨다. 그리고 십자가상에서 더 이상 갈증을 참지 못하고 "목마르다"고 외치셨다.

(6) "다 이루었다"(요 19:30).

'이루었다'라는 말에는 '끝내다, 지키다, 지불하다'라는 의미가 담겨 있다. 예수님은 오신 목적을 성공적으로 끝내셨다. 또한 잉태, 출산, 성장, 생애, 수난, 십자가 등 자신에 대해 예언되어진 말씀들을 다 지키셨다. 그리고 죄 아래 팔린 인간들의 죄 값을 완전히 지불하여 자유하게 하셨다.

(7) "아버지, 내 영혼을 아버지 손에 부탁하나이다"(눅 23:46).

예수님은 평소 모든 일을 기도로 시작하고, 기도로 끝을 맺음으로써 우리에게 기도의 모범을 보여 주셨다. 예수님의 전 생애가 하나의 연속된 기도의 생애였지만 예수님은 마지막 순간에도 기도하셨다.

예수님은 자신의 영혼을 아버지의 손에 부탁하는 마지막 기도를 통하여 우리들에게 죽음에 직면할 때 우리의 영혼을 아버지께 맡겨야 함을 가르쳐 주셨다. 초대 교회의 최초의 순교자 스데반 집사는 예수님의 임종을 본받아 그렇게 기도하고 생을 마쳤다(행 7:59-60).

숭고한 죽음

제2차 세계대전 때에 일본은 태국의 콰이 강에 교량을 건설했다. 병력과 전쟁 물자를 운반하기 위한 중요한 철도 건설이었다. 이 때 일본군은 수많은 연합군 포로들을 사용하였다.

한번은 다리 건설에 사용하는 중요한 공구가 없어졌다. 일본군은 연합군 포로들이 다리 공사를 지연시키려고 연장을 갖다 버린 것으로 판단을 했다. 그래서 일본군은 전체 연합군 포로들을 다 집합시키고 그 둘레 사방에 기관총을 설치해 놓은 다음, 공구를 갖다 놓지 않으면 전부 죽이겠다고 위협했다. 긴장이 감도는 무서운 순간이었다. 연합군 포로들은 서로 얼굴을 쳐다보며 당황해 했다.

일본군의 기관총이 불을 뿜기 일보 직전에 한 영국 군인이 일어났다. 자기가 갖다 버렸다고 했다. 그러자 일본군은 그를 앞으로 나오라고 한 후 일제히 기관총을 발사하여 그 영국 군인은 온 몸이 벌집처럼 뚫어지며 피를 토하고 죽었다. 놀라운 일은, 며칠 후에 그 연장이 발견되었는데 그것은 누가 감춘 것도 아니었으며, 누가 갖다 버린 것도 아니었다. 미처 찾지 못한 장소에서 발견된 것이었다. 그 영국 군인의 희생은 모든 전우들을 살린 영웅적인 죽음이었다.

사람들은 헌신적인 죽음 앞에서 고개를 숙이고 그 죽음을 칭송한다. 예수님의 죽음은 몇 사람을 살리기 위한 죽음이 아니라, 온 인류를 구원하기 위한 대속의 죽음이었다. 예수님의 죽음과 이에 따른 사건을 목격한 백부장과 군사들은 예수님을 하나님의 아들로 고백했다(마 27:54).

고대 국가 통치자들의 관습에 의하면, 어떤 일이든 기이한 일은 빠짐없이 황제에게 전하게 되어 있었다. 따라서 빌라도는 티베리우스 황제에게 예수님에 관한 자세한 상황을 보고하면서 대다수의 백성들이 그를 하나님으로 믿고 있다는 사실을 알렸다. 유세비우스의 「교회사」를 보면, 빌라도로부터 그리스도에 대한 보고를 받은 티베리우스가 얼마나 큰 감명을 받았는지 소개되어 있다.

고대 로마법에 의하면, 황제는 원로원의 승인 없이 어떤 사람을 신으로 정할 수 없었다. 티베리우스 황제는 예수님이 신으로 여겨지고 있다는 보고를 받고 이 문제를 원로원으로 넘겼다. 티베리우스는 기독교의 교리를 흡족하게 여겼고 원로원과 의논했다. 그러나 원로원은 예수님을 신으로 인정하는 것을 거부했다.

그러자 티베리우스는 자신의 의견을 고집하면서 기독교인을 비난하는 사람을 죽이겠다고 위협했다. 이처럼 예수님의 숭고한 죽음은 티베리우스의 마음을 감동시켰고, 그 결과로 복음은 처음에 별 제한을 받지 않고 세상으로 퍼져나갈 수 있었다.

유명한 장군이며 문학적인 천재였던 류 월레스와 그의 친구 잉거르솔은 사람들이 굴에서 쪼그리고 앉아서 예배하는 모습을 보고는 분개하여 기독교와 신화를 영원히 도말해 버리자고 약속했다. 월레스는 유럽과 미국의 유명한 도서관을 찾아다니며 연구하던 중에 어느 날 무릎을 꿇고 예수님께 '나의 주, 나의 하나님'이라고 부르짖었다. 그는 기독교에 대한 편견을 가지고 예수 그리스도를 냉소했던 사람이었으나, 그리스도가 하나님의 아들임을 더 이상 부인할 수 없었다. 이후 그는 그리스도의 생애에 관한 가장 위대한 소설 중 하나인 '벤허'라는 작품을 썼고 영화로 만들어졌다.

주인공 벤허 유다는 자신의 마음속에서 끓어오르는 분노와 고통을 예수님을 통해서 해결을 받고 마지막에 십자가에 못 박혀 돌아가신 예수님의 핏방울로 누나와 어머니가 문둥병에서 고침 받는 기적을 체험하게 된다. 류 월레스는 이 작품을 통해서 모든 사람들 앞에서 예수님을 메시아로 고백하고 증거했던 것이다. 그는 죽으면서 "당신의 뜻이 이루어졌습니다"라고 고백했다.

예수님의 죽음을 주목하면 그 앞에 무릎을 꿇지 않을 사람이 없다. 우리는 예수님의 죽음을 기억하며 살아야 한다. 죽음은 삶의 결정체이다. 그렇기 때문에 웰다잉(well-dying)은 웰빙(well-being)의 완성이다. 이 땅에서 잘 먹고 잘 사는 것도 중요하지만, 잘 죽는 것은 더욱 중요하다. 최소한 추하지 않게 마감해야 한다.

잘 죽는 것은 그리스도인이 부르심을 받는 선한 일 가운데 하나이다. 우리가 마지막 초청에 응하기 위하여 기도한다면, 분명 우리의 죽음은 남아 있는 가족들과 다른 사람들에게 소중한 선물이 될 것이다. 죽음은 아름답다. 품위 있는 죽음은 더욱 더 아름답다.

죽기 전에 해야 할 일

1. 예수님은 기도로 죽음을 준비하심으로써 죽음을 맞이하는 본을 보이셨다. 영광스런 임종이 되기 위해서 기도하라.
2. 예수님은 죽음을 통해 모든 사람들에게 영생을 선물로 주셨다. 우리의 죽음이 가족과 다른 사람들에게 소중한 선물이 될 수 있게 하기 위해 어떤 준비를 할 것인지 써보라.

8

바울

– 영광의 순교자

바울은 오늘의 기독교를 세계적인 종교로 존재하도록 한 최고의 사도요, 전도자요, 교사요, 선교사요, 신학자이다. 그는 한때 기독교를 적대시했지만, 부활하신 예수 그리스도를 만난 이후 사도가 되어서 신약성경의 13권을 기록하였고, 세 차례의 전도 여행을 통해서 소아시아에 복음을 편만하게 증거했다. 그 과정에서 그는 수없이 죽음의 고비를 넘겼고, 한 번은 돌에 맞아 죽었다가 다시 살아나기도 했고, 감옥을 안방처럼 들락거렸다.

무엇이 바울을 이런 사람이 되게 했을까? 키에르케고르는 코펜하겐 대학의 신학생 시절 그가 22세가 되던 때, 일기에 이렇게 썼다.

"온 천하가 다 무너지더라도 내가 이것만은 꽉 붙잡고 놓을 수 없다. 내가 이것을 위해 살고, 이것을 위해 죽을 수 있는 나의 사명을 발견해야 한다."

우리나라가 일제의 치하에 있을 때 나라의 독립을 얻고자 했던 애국 청년들이 독립군에 입대하기 위해서는 '총에 맞아 죽을 각오가 되어 있는가? 굶어 죽을 각오가 되어 있는가? 얼어 죽을 각오가 되어 있는가?'라는 질문에 답을 할 수 있어야 했다.

이 세 가지 조건을 자신 있게 받아들일 때 비로소 입대가 허락되었다. 독립군이 되는 조건은 민족을 구원하는 사명을 위하여 생명을 아끼지 않는 헌신이었다.

바울 당시 예수 그리스도의 증인이 되는 조건은 순교였다. 죽음을 각오하지 않고는 증인이 될 수 없었다. 복음 전도는 독생자를 내어주시면서까지 구원을 원하시는 하나님의 간절한 소원이다. 한국적인 정서로 표현하자면, 전도는 하나님의 한 맺힌 소원이다. 그러므로 바울은 영혼을 구원하는 사명을 위하여 목숨을 내어놓았다.

그는 예루살렘을 향해 올라가면서 "오직 성령이 각 성에서 내게 증언하여 결박과 환난이 나를 기다린다 하시나 내가 달려갈 길과 주 예수께 받은 사명 곧 하나님의 은혜의 복음을 증언하는 일을 마치려 함에는 나의 생명조차 조금도 귀한 것으로 여기지 아니하노라"(행 20:23-24)고 고백했다. 바울을 바울 되게 했던 것은 사명이었다.

사명자의 인생길

바울은 사명자로서 평생을 살았고, 인생 여정을 마치는 시점에서 "나는 선한 싸움을 싸우고 나의 달려갈 길을 마치고 믿음을 지켰으니 이제 후로는 나를 위하여 의의 면류관이 예비되었으므로 주 곧 의로우신 재판장이 그 날에 내게 주실 것이며 내게만 아니라 주의 나타나심을 사모하는 모든 자에게도니라"(딤후 4:7-8)고 고백했다.

바울의 인생을 결산하는 이 고백에서 우리는 그의 삶 전체를 요약하고 있는 중요한 세 가지 표현을 살펴볼 수 있다. 그것은 '싸우고, 달리고, 지키고'라는 말이다. 이와 같은 바울의 고백은 하나님의 뜻을 이룰 수 있는 삶, 승리하는 삶, 후회 없는 삶의 지표를 제시해 주고 있을 뿐 아니라, 우리 삶을 점검케 하는 체크 리스트가 된다.

선한 싸움의 승리자

바울은 자신을 싸우는 자로 비유했다. 우리는 싸움을 원치 않지만 어쩔 수 없이 싸우며 살아야 한다. 우리가 사는 이 세상은 싸움터와 같다. 입시 전쟁으로부터 시작해서 입사, 승진 등 생존 경쟁이 치열하여 무서울 정도이다. 개인의 역사, 나아가 인류의 역사는 전쟁의 역사라고 해도 과언이 아니다.

그러나 정말 무서운 싸움은 드러나지 않는 싸움이다. 바울이 말하는 싸움은 눈에 보이지 않는 영적인 싸움이다. 그가 말하는 싸움은 이 세상의 어두움의 세력을 물리치고 생명의 빛을 비추기 위한 싸움이다. 바울은 세상적인 싸움과 구분하기 위해서 이 싸움을 가리켜서 선한 싸움이라고 했다.

바울은 이방인의 사도로 살아가면서 외적으로 복음전도를 방해하는 동족 유대인들, 그리고 복음을 왜곡하는 율법주의자들과 일평생 선한 싸움을 싸웠고, 내적으로는 자기 자신과의 끊임없는 싸움을 싸웠다. 많은 사람들이 고백하기를, 우리 인생 중에 가장 어려운 싸움은 자기 자신과의 싸움이라고 말한다. 고대 희랍의 철학자 플라톤은 "인간의 최대의 승리는 내가 나하고 싸워서 이기는 것"이라고 했다.

나이를 먹어 갈수록 싸움의 상대자는 다름 아닌 나라는 사실을 절감한다. 어떤 싸움이든 먼저 나와의 싸움에서 이겨야 이길 수 있다. 그렇기 때문에 성경은 "노하기를 더디하는 자는 용사보다 낫고 자기의 마음을 다스리는 자는 성을 빼앗는 자보다 나으니라"(잠 16:32)고 말씀하고 있다.

우리는 늘 겉사람과 속사람, 두 자아와의 싸움을 경험하며 인생을 살아간다. 겉사람은 육체의 법을 따르고, 속사람은 성령의 법을 따른다. 육체의 법과 성령의 법은 물과 기름처럼 어울려지지 않는다. 서로 배타적이다. 삶의 갈등은 바로 여기에서 비롯된다. 두 자아와의 싸움은 눈에 보이지 않고 피 흘리지 않는 싸움이지만, 그 어느 싸움보다 처절한 싸움이다. 이 싸움에서 승리하는 자는 하나님 앞에 설 때 면류관을 받을 수 있고, 하나님 나라를 유업으로 받을 수 있다.

우리가 지난날을 돌아볼 때 후회와 아쉬움이 남는 것은 육신의 편안함과 즐거움을 위하는 겉사람과의 싸움에서 졌기 때문이다. 사도 바울도 한때는 이 싸움에서 번번이 실패함으로 말미암아 "오호라 나는 곤고한 사람이로다 이 사망의 몸에서 누가 나를 건져 내랴"(롬 7:24)고 탄식하며 견딜 수 없는 고통을 토로했다. 그러나 그는 그리스도 안에서 승리하는 비결을 깨닫고 말하기를 "이는 그리스도 예수 안에 있는 생명의 성령의 법이 죄와 사망의 법에서 너를 해방하였음이라"(롬 8:2)고 했다.

우리는 아담의 타락 이후 죄와 사망의 법 아래 살고 있다. 그렇기 때문에 우리가 아무리 선하게 살려고 애를 써도 죄를 지을 수밖에 없다. 죄는 우리를 사망으로 끌고 간다. 그러나 예수 안에 있는 생명의 성령의 법은 사망의 법보다 더 강하기 때문에 그리스도 안에서 살면 승리자가 될 수 있다.

그리스도 안에서 산다는 것은 곧 성령님을 좇아서 사는 것이다. 우리가 자신의 한계를 모를 때는 내 힘으로 살 수 있을 것처럼 생각한다. 그러나 우리의 육으로는 죄와 세상을 이길 수 없다. 백 번 싸워봐야 백 번 다 패하고 만다.

그렇기 때문에 승리의 생활은 나를 아는 일부터 시작된다. 나를 알면 하나님 앞에 겸손하지 않을 수 없다. 나를 알면 하나님의 도움을 구하지 않을 수 없고, 나를 알면 성령님을 의지하지 않을 수 없다. 그동안 나와의 싸움에서 실패했다면 앞으로는 더욱 철저히 하나님을 의지하고, 십자가를 의지하고, 우리를 돕기 위해 와 계신 보혜사 성령님을 의지해야 한다.

인생 마라톤의 완주자

사도 바울은 자신의 삶을 돌아보면서 자신을 경기장에서 달리는 자로 비유했다. 경주에는 반드시 목표점이 있다. 바울은 고린도 교회를 향한 편지에서 "나는 달음질하기를 향방 없는 것 같이 아니하고"(고전 9:26)라고 했다. 바울은 육상 선수가 금메달을 바라보며 골인 지점을 향하여 전력질주 하는 것처럼 하나님께서 맡겨주신 모든 임무를 수행한 후 자신이 달려온 길을 되돌아보면서 달려갈 길을 마쳤다고 고백했다. 이런 고백은 결코 쉽게 할 수 있는 고백이 아니다.

우리도 달려야 할 인생길이 있다. 하나님은 성실한 자를 좋아하시고 게으른 자를 싫어하신다. 그러므로 우리는 열심히 달려야 한다. 그런데 문제는 '무엇 때문에, 왜 그렇게 정신없이 달리느냐' 하는 것이다. 서울로 가야 하는데 방향을 잘못 잡아서 부산으로 가는 길을 달리고 있다면 빨리 달릴수록 목표에서 멀어지는 것이다. 우리가 인생길을 달리는 데 있어서 중요한 것은 속도가 아니라 방향이다.

사람들이 흔히 쓰는 말 중에 '왠지 불안하다'는 말이 있다. 이 말은 인생의 뚜렷한 목표가 없기 때문에, 자신이 지금 달리고 있는 인생길에 대해서 확신이 없기 때문에 하게 되는 말이다.

오늘날 사람들의 관심은 오래오래 잘 먹고 잘 사는 것이다. 성경을 보면 무드셀라라는 사람이 가장 오래 살았는데, 969세를 살았다. 그런데 성경은 그에 대하여 기록하기를 "무드셀라는 백팔십칠 세에 라멕을 낳았고 라멕을 낳은 후 칠백팔십이 년을 지내며 자녀를 낳았으며 그는 구백육십구 세를 살고 죽었더라"(창 5:25-27)고 했다. 이것이 969세를 살았던 무드셀라에 대한 기록의 전부이다.

사람은 누구나 나서 죽는다. 하나님은 우리가 얼마나 오래 사느냐에 관심을 두시기보다는 어떻게 사는가에 깊은 관심을 두고 계신다. 그렇기 때문에 성경에는 오래 산 사람보다 하나님의 관심사를 좇아 산 사람들에 대해 많은 지면을 할애하고 있다. 신약성경은 복음서를 빼고 거의 대부분이 사도 바울의 이야기이다. 그것은 그가 '오직 하나님께 영광'이라는 목표를 가지고 인생을 살았기 때문이다. 그는 먹든지 마시든지 무엇을 하든지 하나님의 영광을 위해서 살았다.

또한 오늘날 사람들의 관심은 돈을 많이 버는 것이다. 황금이 우상이 되어 버렸다. 그러나 하나님은 우리가 얼마나 많은 재물을 모으느냐에 관심을 갖지 아니하시고, 그 재물을 어떻게 사용하는지를 지켜보고 계신다.

이제 우리는 잠시 바쁜 걸음을 멈추고, 지금 내가 가장 중요하게 생각하는 것이 무엇인지를 진지하게 점검해 보아야 한다. 우리에게 가장 중요하게 생각되는 것이 지금 우리가 달리고 있는 인생길의 목표가 되기 때문이다. 그동안 우리의 목표가 분명치 못했다면 다시금 바울과 같이 무슨 일을 하든지 간에 '오직 하나님께 영광'이라는 분명한 목표를 가지고 행할 수 있어야 한다.

믿음의 수호자

바울은 자신의 과거를 회상할 때 경기자가 시합을 하기 전 경기 법규를 지킬 것을 선서하고 법규에 따라 경기하였던 것에 비유하여 자신도 주 예수 그리스도께 대한 믿음의 고백을 변치 않고 지켰다고 고백하였다.

믿음은 구원의 절대적 조건이다. 성경은 "너희가 알거니와 너희 조상이 물려 준 헛된 행실에서 대속함을 받은 것은 은이나 금 같이 없어질 것으로 된 것이 아니요 오직 흠 없고 점 없는 어린 양 같은 그리스도의 보배로운 피로 된 것이니라"(벧전 1:18-19)고 말씀하고 있다.

믿음은 눈에 보이지 않지만 금, 은, 보화와 비교할 수 없이 귀한 것이다. 귀한 것은 잘 지켜야 한다. 왜냐하면 탐내서 빼앗으려는 자들이 많기 때문이다. 우리를 도적질하고 죽이고 멸망시키려는 마귀는 어떻게 하든지 우리의 믿음을 빼앗으려고 한다. 믿음만 빼앗으면 모든 것을 빼앗을 수 있기 때문이다. 성경은 말세가 되면 마귀가 우는 사자와 같이 두루 다니며 삼킬 자를 찾을 것이라고 했고, 사람들은 돈을 사랑하며 믿음을 배반할 것이라고 한다. 마귀는 우리의 눈에 보이는 것들을 가지고 우리의 믿음을 빼앗아 가려고 한다.

황금만능주의 시대라 일컬어지는 시대를 살면서 우리는 돈의 위력을 실감한다. 돈이 있으면 앞서 갈 수 있다. 돈이 있으면 안 될 일도 된다. 돈이 있으면 여러모로 편리하게 살 수 있다. 그렇기 때문에 요즘 사람들은 돈만 많으면 만족할 것이고, 돈만 많으면 행복할 것이라고 생각한다. 그러나 인간이 누릴 수 있는 모든 것을 누려 보았던 솔로몬의 인생 결론은 "헛되고 헛되며 헛되고 헛되니 모든 것이 헛되도다"(전 1:2)였다.

바울도 예수를 믿기 전에는 가문에 대한 자랑, 학벌에 대한 자랑, 혈통에 대한 자랑 등 인간적인 자랑거리들이 많았던 사람이었다. 그러나 그가 믿음의 사람이 되었을 때 그는 모든 것을 배설물처럼 여겼다(빌 3:7-9). 바울은 예수 그리스도를 얻음으로써 만족할 수 있었다. 예수 그리스도를 믿고 구원을 얻고 보니 믿음이 이 세상의 어떤 것보다도 귀했던 것이다.

사람들은 있으면 행복하고, 없으면 불행하다고 생각한다. 그렇기 때문에 사람들은 높아지려고 하고, 또 많이 가지려고 한다. 그러나 수많은 사람들이 경쟁하는 이 세상에서 어찌 갖고 싶은 대로 다 가질 수 있겠으며, 설혹 다 가질 수 있다 해도 끝도 없는 인간의 욕망을 어찌 다 채울 수 있겠는가?

예수님은 천국 비유에서 "천국은 마치 좋은 진주를 구하는 장사와 같으니 극히 값진 진주 하나를 발견하매 가서 자기의 소유를 다 팔아 그 진주를 사느니라"(마 13:45-46)고 했다. 장사하는 사람이 자기 소유를 팔아서 극히 값진 진주를 산 이유는 무엇인가? 좋은 진주 하나만 있으면 다른 것은 없어도 만족할 수 있고, 그 하나가 다른 어떤 것보다 귀하고 가치 있기 때문이다.

'인생'을 가리켜 '고해, 고통의 바다'라고 하는데, 고통 많은 이 세상에 살면서 무엇으로 위로 받을 수 있을까? 사람들은 괴로울 때면 술을 마시며 고통을 잊어 보려고 하지만, 고통은 술로써 다스려지는 것이 아니다. 우리는 믿음의 가치를 알아야 한다. 믿음은 이 세상의 그 어떤 것보다도 귀하다. 믿음만 있으면 하나님의 나라가 내 것이고, 하늘의 신령한 복이 내 것이고, 하늘의 평안과 위로가 내 것이 되는 것이다.

아직도 우리에게는 싸울 일이 남아 있고, 달려야 할 길이 남아 있고, 믿음을 지킬 일이 남아 있다. 나 혼자서는 어렵다. 하나님의 은혜가 절대적으로 필요하다. 도우시는 하나님의 은혜를 힘입어야 우리는 더욱 힘차게 선한 싸움을 싸우고, 달려갈 길을 달리고, 믿음을 지킬 수 있고, 하나님 앞에서 상 받을 수 있는 삶을 살 수 있다.

함께 달린 사람들

우리가 길을 가다보면 장애물을 만나기도 하고, 어떤 곳은 막혀서 돌아가야 하기도 하고, 어떤 경우는 가파른 곳을 기어 올라가야 하기도 한다. 바울이 걸어온 길은 사명자의 길이었기 때문에 결코 평탄하지 않았다. 그러나 그는 오직 주 예수 그리스도만을 바라보며 달리고 또 달렸다.

바울은 그동안 달려온 자신의 삶을 돌아보면서 자신과 함께 했던 몇몇 사람들을 언급하고 있다. 우리는 바울이 꼽고 있는 사람들을 통해서 믿음의 길을 달려가는 사람들의 유형을 세 가지로 살펴볼 수 있다.

되돌아간 사람

회자정리(會者定離)라는 말이 있듯이 사람이 만났다가 헤어지는 것은 정한 이치이다. 그러나 어떻게 헤어지느냐 하는 것은 중요하다. 바울은 "데마는 이 세상을 사랑하여 나를 버리고 데살로니가로 갔고 그레스게는 갈라디아로, 디도는 달마디아로 갔고"(딤후 4:10)라고 말하고 있다. 그레스게와 디도는 목회를 위해서 갈라디아로, 달마디아로 떠났다.

그런데 데마는 믿음을 저버리고 바울 곁을 떠나버렸다. 바울이 로마 옥중에 있을 때 에베소서, 빌립보서, 골로새서, 빌레몬서 등 네 개의 편지를 썼다. 그 중에서 골로새서 4:14, 빌레몬서 24절을 보면 바울이 편지 말미에 동역자의 안부를 전할 때 거기에 데마의 이름이 나오고 있다. 바울이 로마 옥중에 갇혀 있던 2년 동안 데마는 바울과 함께 하며 복음을 전했다.

그러나 로마 옥에서 출옥된 이후 바울이 또 다시 옥에 갇히게 되고 조만간 큰 핍박이 다가올 것을 알게 된 데마는 자신에게 닥쳐올 어려움을 피해 데살로니가로 가버리고 말았던 것이다. 바울은 데마에 대해서 말하기를 "데마는 이 세상을 사랑하여 나를 버리고"라고 했다. 바울은 데마가 자신을 떠난 것이 섭섭하기보다는 그가 세상을 사랑하여 떠난 것이 안타까웠던 것이다. 데마는 고난 앞에서 그만 세상으로 돌아가버리고 말았다.

한 번도 가보지 않은 길을 걸어갈 때 그 길이 점점 험해지고 동행하는 사람이 보이지 않으면 불안할 수밖에 없다. 이 때 자기가 가는 길이 올바른 길이고, 반드시 가야 할 길이라는 확신이 없다면 돌아서게 되는 것이다. 사람은 편안한 삶을 살고 싶어 한다. 아마 데마는 바울 없이 걸어가야 할 믿음의 길이 외롭고 두렵게 느껴졌을 것이다. 그래서 데마는 다가올 고난을 헤쳐 나갈 용기를 잃어버리고 안전하고 편안하게 생각되는 세상으로 돌아가버리고 말았던 것이다.

잠언을 보면 "은에서 찌꺼기를 제하라 그리하면 장색의 쓸 만한 그릇이 나올 것이요"(잠 25:4)라고 말씀하고 있다. 은의 찌꺼기를 제거하는 방법은 은을 풀무에 집어넣는 것이다. 풀무는 삶의 고난을 상징한다. 인간은 고난을 통과할 때 성숙해진다. 그러므로 하나님께서는 선택한 사람들에게 고난을 허락하시고 그 고난을 통과한 사람을 귀하게 사용하시는 것이다. 욥은 고난의 의미를 깨닫고 "내가 가는 길을 그가 아시나니 그가 나를 단련하신 후에는 내가 순금 같이 되어 나오리라"(욥 23:10)고 고백했다.

하나님께 쓰임 받은 사람치고 고난을 받지 않은 사람이 없다. 깊은 영성과 고난은 함께 가는 것이다. 그러나 데마는 잘 달리다가 어려움이 다가오자 두려움에 사로잡혀 도망을 치고 말았다. 데마와 같은 사람은 교회에 열심히 출석하다가 조금만 어려운 일이 생기면 뒷걸음친다. 이런 사람은 온전한 그리스도인이 될 수 없다.

참된 신자라면 하나님이 허락하신 고난을 피해 달아날 것이 아니라 깊은 영성을 소유하는 기회로 삼아야 한다. 이유 불문하고 믿음을 버리는 것은 그것의 소중함을 모르기 때문이다. 베드로는 믿음을 금보다 귀하다고 했다(벧전 1:7). 참으로 믿음이 금보다 귀한 보물임을 안다면 바울처럼 목숨을 내어놓고 믿음을 지킬 것이다.

우리 영혼의 가치는 온 천하보다 귀하다. 그렇기 때문에 우리가 돈을 벌어 영혼을 구원하고자 한다면 평생토록 수고해도 불가능한 것이다. 그러나 믿음만 가지고 있으면 돈 없이 값없이 구원을 얻을 수 있다.

믿음의 가치는 영혼 구원에만 있는 것이 아니다. 미국의 유명한 심리학자 윌리엄 제임스는 말하기를 "인간이 가지고 있는 가장 중요한 원동력은 믿음이다"라고 했다. 믿음이 없는 사람은 쉽게 자포자기를 하지만, 믿음을 가진 사람은 시련과 역경을 극복하고 실패를 딛고 일어나 다시 도전한다.

그러나 믿음이 아무리 귀한 것이라 할지라도 그것을 가꾸지 않고 지키지 않으면 망가지고 잃어버리고 만다. 바울은 믿음을 지켰다고 했다. 우리들도 바울과 같이 믿음을 지켜야 한다. 그래야 승리자가 될 수 있고 주님 앞에 서는 날 의의 면류관을 받을 수 있다.

끝까지 잘 달린 사람

누가는 유대인이 아니라 헬라인이었고, 직업은 의사였다. 다소에서 바울을 통해 예수 그리스도를 영접한 이후 선교의 사명을 느끼고 바울의 선교단에 소속하여 사역하게 되었다.

누가는 바울의 선교 여행에 동행하면서 바울의 선교 사업에 최선을 다해 협조했다. 누가는 의사로서 바울의 허약한 몸을 돌보면서 고난을 함께 겪으며 충성했다. 그뿐 아니라 누가는 명석한 두뇌와 탁월한 문학적 재능을 가지고 헬라인들을 위한 복음서인 누가복음을 기록하였고, 바울과 동행하며 듣고 목격한 사실들을 토대로 초대 교회의 생생한 역사 기록인 사도행전을 남겼다.

우리가 누가에 대하여 존경심을 갖게 되는 것은 그의 변함없는 태도이다. 누가는 바울과 동행한 이후 변함없이 겸손하게 하나님의 영광을 위해서 일했다. 바울은 "누가만 나와 함께 있느니라"(딤후 4:11)고 했다. 바울의 말년에 모두가 바울의 곁을 떠났지만, 누가만은 끝까지 함께 하는 충성을 보여주었다.

사람은 잘 변한다. 바람 따라 흔들리는 갈대와 같다. 그러므로 사람들은 변함이 없는 소나무와 대나무의 절개를 칭송하는 것이고, 누가와 같은 사람의 충성심에 크게 감동을 받게 되는 것이다.

야고보서는 하나님에 대하여 "그는 변함도 없으시고 회전하는 그림자도 없으시니라"(약 1:17)고 했다. 영원불변은 하나님의 속성 가운데 하나이다. 하나님은 변함이 없으시다. 그러므로 하나님은 변함이 없는 사람을 좋아하신다. 그래서 야고보서는 "두 마음을 품은 자들아 마음을 성결하게 하라"(약 4:8)고 경고하고 있다. 두 마음은 의심하는 마음을 말하는 것이다. 하나님은 두 마음을 품고 정함이 없는 사람을 좋아하지 않으신다. 우리는 오직 한마음의 사람이 되어야 한다.

연애 시절의 뜨거운 사랑을 간직하며 사는 사람들이 얼마나 있을까? 요한계시록에 나오는 일곱 교회 중에 에베소 교회는 주님께 처음 사랑을 잃어버렸다고 책망을 받았다. 처음 사랑은 뜨겁고 순수하고 희생적이다. 에베소 교회에도 처음에는 그런 사랑이 있었다. 그런데 불행하게도 그 사랑이 식어지고 말았다. 교회는 냉랭해지고, 성도들 간의 사랑과 영혼에 대한 사랑도 식어졌다. 사명에 대한 충성심도, 하나님께 대한 사랑 역시 식어지고 말았다.

하나님은 우리의 믿음이 식어지지 아니하고 세월이 갈수록 믿음이 더욱 뜨거워지기를 원하시고, 믿음이 더욱 깊어지고, 믿음이 더욱 넓어지고, 믿음이 더욱 강해지기를 원하신다. 그러면 우리들의 모습은 어떤가? 누구에게나 첫 사랑의 경험이 있기 마련이다. 우리 자신을 돌아보고 뜨겁고 순수하고 희생적인 첫 사랑을 회복해야 한다. 나는 할 수 없지만 하나님은 하실 수 있다. 우리는 나 자신에 대해서 철저히 절망하고 자비롭고 전능하신 하나님 앞에 엎드려야 한다. 그럴 때 하나님은 성령의 능력으로써 변함없이 주님을 섬기며 충성하며 힘차게 믿음의 길을 달려갈 수 있는 힘을 허락해 주신다.

넘어졌으나 다시 달린 사람

바울은 디모데에게 "네가 올 때에 마가를 데리고 오라 그가 나의 일에 유익하니라 두기고는 에베소로 보내었노라"(딤후 4:11-12)고 부탁을 하고 있다. 디모데는 에베소에서 목회하고 있었다. 바울은 자신의 인생을 마감해야 할 때가 이르렀음을 직감하고 사랑하는 제자 디모데를 마지막으로 만나서 편지로 못 다한 말을 하기 위해 두기고를 대신 에베소로 보내고 디모데를 부르고 있는 것이다.

바울은 디모데가 올 때 마가와 함께 올 것을 요청했다. 마가는 예수님의 최후의 만찬과 오순절 날 성령강림이 이루어진 마가 다락방의 주인이다. 그는 로마인들을 위한 복음서인 마가복음을 기록하기도 했다. 바울과 마가가 처음 만난 것은 바울의 제1차 선교여행 때였다. 마가는 바울과 바나바와 동행했다. 그러나 마가는 선교여행 중 탈락하여 고향 예루살렘으로 되돌아가버렸다. 아마 좋은 환경에서 고생을 모르고 자란 까닭에 선교여행의 고난을 감당하기 어려웠을 것이다.

이것이 원인이 되어 제2차 선교여행을 앞두고 바울과 바나바는 마가를 데리고 가는 문제로 인하여 심한 다툼을 벌이게 되었다. 바나바는 데리고 가자고 했고, 바울은 마가를 우유부단한 배신자로 생각하고 그를 자기 동료로 삼는 것을 철저히 거절했다. 결국 바울과 바나바는 결별하였고 바울은 실라를, 바나바는 마가를 동역자로 삼아 각각 선교여행을 떠났다.

이 과정에서 마가는 버림받은 심정을 맛보았을 것이고, 실패자로서의 좌절을 경험했을 것이다. 그 후로 우리는 성경에서 마가의 소식을 들을 수 없다. 그런데 바울의 옥중서신을 보면 바울이 옥에 있을 때 마가가 함께 있는 것을 볼 수 있다. 그리고 바울은 이제 마가에 대해 나의 일, 즉 복음전도에 유익하다고 했다.

우리는 마가가 바나바와 함께 떠난 이후 어떤 과정을 거쳐 재기하게 되었는지 자세한 내용은 알 수 없다. 다만 짐작할 수 있는 것은 마가복음이 베드로가 들려 준 이야기에 기초하여 기록되었다는 점과 마가가 베드로와 한동안 함께 지냈다는 사실로 미루어 베드로의 도움이 컸을 것으로 추측할 수 있다. 마가도 실패를 경험했지만, 베드로 역시 뼈아픈 실패를 경험했다. 치유 받은 자가 치유할 수 있다. 그러므로 베드로는 마가의 재기를 위해 누구보다도 잘 도울 수 있었을 것이다. 어쨌든 마가에게는 실패의 아픔이 영적 성숙을 위한 디딤돌이 되었을 것이다.

우리 신앙의 목표는 예수님을 본받는 것이다. 우리는 예수님처럼 생각하고, 예수님처럼 말하고, 예수님처럼 행동하기 위해 노력해야 한다. 바울이나 누가는 우리가 예수님을 닮아가는데 있어서 징검다리 역할을 하는 훌륭한 모델들이다. 그러나 보통 사람들로서는 불굴의 의지를 가진 바울이나 그와 끝까지 생사고락을 같이 한 누가보다는 인간적으로 마가를 한층 더 친근하게 느낄 것이다. 왜냐하면 마가는 완벽한 사람이 아니라 부족한 사람이고, 성공만을 경험한 사람이 아니라 실패를 경험한 사람이었기 때문이다.

인생을 살면서 한두 번씩 실패하지 않은 사람이 어디 있겠는가? 우리는 부족하고 연약하기 때문에 실패를 경험하지 않을 수 없다. 이런 점에서 바울이 디모데에게 "네가 올 때에 마가를 데리고 오라 그가 나의 일에 유익하니라"는 말씀은 우리에게 격려가 되고, 우리에게 용기를 준다.

마가는 자신을 우유부단한 배신자로, 가망이 없는 사람으로 간주하고 내버린 바울에게 이제는 유익한 사람, 필요한 사람으로 변화되었다. 실패했지만 다시 일어선 마가, 버림 받았으나 다시 바울에게 부름을 받은 마가, 실패자의 불명예를 씻고 명예를 회복한 마가는 실로 많은 사람들에게 재기의 모범이 되고 있다.

겨울이 오기 전에

참다운 성공자는 자신의 성공뿐 아니라, 다음 세대를 생각하는 사람이다. 그래서 주변 사람을 키우고 그들에게 비상할 수 있는 날개를 달아주는 사람이다. 바울은 당대에 많은 교회를 세웠고, 제자들을 길렀다. 그 대표적인 인물이 디모데이다. 바울은 제자 디모데에게 자신이 그랬던 것처럼 또 다른 제자들을 키우도록 권면했다.

> "내 아들아 그러므로 너는 그리스도 예수 안에 있는 은혜 가운데서 강하고 또 네가 많은 증인 앞에서 내게 들은 바를 충성된 사람들에게 부탁하라 그들이 또 다른 사람들을 가르칠 수 있으리라"(딤후 2:1-2).

우리는 여기서 복음이 바울에게서 디모데로, 디모데에게서 충성된 사람들에게로, 또 그들에게서 다른 사람들에게로 전해지는 과정을 볼 수 있다. 초대 교회의 제자들은 역사상 가장 강력했던 로마 제국의 박해를 이겨내고 로마를 복음화했다.

오늘날 우리가 교회의 한 구성원이 될 수 있는 것은 이전 세대의 그리스도인들이 주어진 사명을 성실히 수행하고, 그 다음 세대에게 믿음을 물려주었기 때문이다. 우리도 각자의 사명에 충성하고 다음 주자에게 배턴을 넘겨줄 수 있어야 한다.

겨울 준비

미국의 정통주의, 개혁주의 설교의 아버지요 설교의 황제라고 불리는 매카트니(Clarence Edward Macartney) 목사는 미국 동부 필라

델피아와 피츠벅에서 40년간 목회를 하다가 1953년 목회에서 은퇴했고, 1957년 소천했다. 그의 설교 중 디모데전서 4:19-22의 말씀을 본문으로 한 '겨울이 되기 전에 어서 오라'는 설교는 최고의 명설교로 알려져 있다.

그 설교는 성도들에게 큰 감동을 주었다. 그 감동의 여파가 얼마나 엄청났던지 성도들의 간청으로 매년 10월 중순에 한 번씩 무려 30년간 같은 설교를 계속했다고 한다. 그리고 그 설교가 행해질 때면 미국 전역에서 비행기 편으로 모여들어 인산인해를 이루었다. 매카트니 목사는 '겨울이 되기 전에 어서 오라'는 말은 첫째로 개혁을 요구하는 소리이고, 둘째로 우정과 애정의 소리이고, 셋째로 그리스도의 소리라고 했다.

우리에게도 겨울을 맞을 수 있는 준비가 필요하다. 우리에게 다가올 수 있는 네 가지 겨울과 그 겨울이 오기 전에 우리가 해야 할 일에 대해서 생각해 볼 필요가 있다.

계절로서의 겨울

겨울이 다가오면 옷 정리도 해야 하고, 난방 준비도 해야 하고, 이모저모로 겨울을 맞을 준비를 해야 한다. 바울이 디모데에게 편지를 보낼 때 그는 로마에 있었고, 겨울이 다가오고 있었다. 바울은 항상 여러 명의 동역자들과 함께 팀 전도, 그리고 팀 목회를 했다. 그런데 지금 바울 곁에는 의사인 누가만 남아 있을 뿐 아무도 없다.

디모데후서 4:10-12을 보면, 데마는 이 세상을 사랑하여 바울을 버리고 데살로니가로 갔다. 그레스게는 갈라디아로, 디도는 달마디아로 갔다. 그리고 두기고는 에베소로 보냈다.

바울은 디모데가 필요했다. 그리고 바울은 한때 혈기가 남아 있어 선교 여행에서 중도 하차한 일로 인하여 무익한 자로 내쳤던 마가, 그러나 이제는 재기해서 훌륭한 그리스도인으로 성장한 마가를 보고 싶어 했다. 그래서 바울은 디모데에게 "너는 어서 속히 내게로 오라"(딤후 4:9), "네가 올 때에 마가를 데리고 오라"(딤후 4:11), "너는 겨울 전에 어서 오라"(딤후 4:21)고 재촉하고 있다.

에베소에서 목회를 하고 있는 디모데가 바울에게 오려면 지중해를 건너와야 했는데, 겨울이 되면 지중해는 풍랑이 심해서 배가 항해할 수 없다. 만약 디모데가 가을에 오지 못하면 겨울을 지내고 봄이 되어야 로마에 올 수 있었다. 그러므로 바울이 "겨울 전에 너는 어서 오라"고 한 말은 미리 준비해서 기회를 잃지 말라는 것이다.

전도서 3장을 보면 천하의 모든 일은 다 기한이 있다고 말씀하고 있다. 아무 때나 씨를 뿌려서는 안 된다. 너무 일러도 안 되고, 늦어도 안 된다. 때를 맞춰야 한다. 우리는 계절을 통해서 때의 중요성을 배울 수 있어야 한다. 그런데 겨울은 자연에만 있는 것이 아니다.

인생의 겨울

인생을 계절로 비유하자면 어린이들은 봄과 같고, 청년기의 왕

성한 활동력은 여름과 같고, 결실을 거두어들이는 가을은 중년기와 같다. 그리고 인생 여정을 정리해야 할 시기는 겨울이라 할 수 있다. 계절이 바뀌면 그 계절에 맞는 생활을 해야 하는 것처럼, 인생의 계절이 바뀔 때마다 우리는 거기에 적응할 수 있도록 미리미리 준비해야 한다. 인생의 겨울이 다가오면 그 어느 때보다도 주님을 만날 준비를 해야 한다.

바울은 인생의 겨울을 앞두고 준비된 모습을 보여주었다. 그는 "전제와 같이 내가 벌써 부어지고 나의 떠날 시각이 가까웠도다"(딤후 4:6)라고 했다. 전제라는 것은 제단에 부어 제사를 드리는 것을 뜻한다. 바울은 장차 자신이 당할 죽음을 하나님의 제단 위에 자신의 피를 드리는 전제로 본 것이다. 계속해서 그는 "나는 선한 싸움을 싸우고 나의 달려갈 길을 마치고 믿음을 지켰으니 이제 후로는 나를 위하여 의의 면류관이 예비되었으므로 주 곧 의로우신 재판장이 그 날에 내게 주실 것이며 내게만 아니라 주의 나타나심을 사모하는 모든 자에게도니라"(딤후 4:7-8)고 고백했다.

바울은 자기의 죽음이 얼마 남지 않은 것을 알고 있었다. 이미 준비는 끝났고, 마지막으로 죽기 전에 아들과 같은 사랑하는 제자 디모데를 보고 싶어 했으며, 자기가 하던 일을 위해 마지막 부탁을 하려고 거듭해서 디모데를 겨울 전에 오라고 부르고 있는 것이다.

인생의 봄을 맞은 사람은 꿈과 희망을 가지고 열심히 씨를 뿌려야 하고, 인생의 여름을 맞은 사람은 꿈을 이루기 위해 부지런히 일하면서 땀을 흘려야 한다. 인생의 가을인 중년기는 가장 힘들고 위태로운 시기라고 할 수 있다. '중년기의 위기'라는 말이 중년기의 특성을 대변해 준다.

시편 102편을 보면 중년의 한 시인은 "내 날이 기울어지는 그림자 같고 내가 풀의 시들어짐 같으니이다"(11절)라고 고백했다. 시인은 중년기의 위기를 잘 알고 있었다. 또한 그는 "나의 말이 나의 하나님이여 나의 중년에 나를 데려가지 마옵소서 주의 연대는 대대에 무궁하니이다"(24절)라고 했다. 우리는 시인의 기도에서 인생의 허무감을 이기기 위해 몸부림치는 모습을 볼 수 있다.

하나님께서는 우리 인생에도 겨울이 다가오게 하신다. 앙상한 겨울나무가 외롭게 보이듯, 인생의 겨울인 노년도 외로움의 시기다. 인간관계에 있어서 노년기는 교제하는 사람의 수가 현격히 줄어든다. 결혼한 자식들은 집을 떠나고, 가지고 있던 직업에서의 역할 상실과 경제적 수입의 중단으로 생활은 점점 어려워진다. 주변의 친척이나 친구들이 하나 둘씩 떠나가고, 심지어 배우자까지 떠나가면서 인간관계의 줄이 끊어진다. 이렇게 관계의 줄들이 단절될 때마다 노년의 외로움은 깊어진다.

계절의 겨울이 다가오는 것을 우리가 거부할 수 없는 것처럼, 우리 인생에 다가오는 겨울도 거부할 수 없다. 누구나 인생의 겨울을 맞이하게 된다. 인생의 겨울이 다가오면, 우리는 주님 만날 날이 가까웠음을 기뻐하면서 부지런히 창조주 하나님을 찾고, 주께로 더 가까이 나아가야 한다. 말씀을 읽고 기도하는 생활로 인간적인 외로움을 영적으로 승화시키며 살아야 한다.

가정생활의 겨울

부부가 결혼하여 오랜 세월을 살다보면 서로를 당연한 존재로 여기고 등한히 할 수 있다. 서로의 존재를 귀한 줄 모르고 지내다 보면 사랑이 식어지고 냉랭함이 찾아든다. 피차 대하는 태도가 무의미해져 간다. 따라서 상대방의 장점보다는 결점을 보게 되고, 서로 다투게 된다. 그러면 가정은 불화하여 평안을 찾아볼 수 없게 된다. 그러다가 어느 사람이 먼저 세상을 훌쩍 떠나 버리게 되면 그 허전함은 말로 다할 수 없을 것이다.

사람은 죽기 전에 세 가지 후회를 한다고 한다. 하나는 '좀 더 참을 걸', 또 하나는 '내 도움을 필요로 하는 사람들에게, 내 눈앞에 있는 사람들에게 좀 더 주었으면 좋았을 것을 내가 너무 인색했다', 그리고 마지막은 '좀 더 귀한 일을 할 수 있었을 텐데'이다. 그러나 때가 지나서는 '좀 더 참을 걸, 좀 더 잘해 줄 걸, 좀 더 사랑할 걸' 하고 후회해도 아무 소용이 없다. 그러므로 당신의 가정에 겨울이 오지 않도록 피차 사랑과 섬김의 마음을 가져야 한다.

미국의 제33대 대통령이었던 해리 트루먼은 막중한 대통령 역할에도 불구하고 자신에게 가장 중요한 것을 잊지 않았다. 아내 베스 트루먼은 인생에서 가장 기억에 남는 것이 무엇이냐는 질문에 이렇게 답했다. "해리와 저는 연인과 부부로 40년 넘게 지내왔어요. 어디를 가든 손만 내밀면 남편이 곁에 있다가 제 손을 잡아 주었지요."

제2차 세계대전, 한국전쟁 등 역사상 가장 중대한 고비에 미국 대통령직을 맡으면서도 트루먼은 삶에서 가장 중요한 관계와 본분 면에서 흔들리지 않았다.

역사의 겨울

성경에서 보여주는 역사는 힌두교나 불교에서 말하는 것처럼 돌고 도는 순환적인 역사가 아니다. 시작이 있으면 끝이 있는 알파와 오메가의 역사이다. 인류 역사는 마치 시한폭탄이 작동하는 것처럼 시시각각으로 종말을 향해서 가고 있다.

겨울이 다가오면 찬바람이 불기 시작한다. 마찬가지로, 역사의 종말이 다가올 때도 찬바람이 분다. 그 찬바람은 무엇일까?

마태복음 24장을 보면 종말의 징조에 대해서 자세히 언급하고 있다. 예수님께서는 마지막 때가 되면 거짓 그리스도가 나타날 것이고, 난리 소문이 있을 것이고, 민족과 민족이 나라와 나라가 대적할 것이고, 처처에 기근과 지진이 있을 것인데 이 모든 것이 재난의 시작이라고 했다.

일본군의 진주만 습격 때, 레이더 감시병이 레이더에 시커먼 두 개의 물체를 발견하고 본부에 보고했다. 그 보고를 받은 상관은 골프 치는 것에 열중하여 보고를 대수롭지 않은 것으로 묵살했다. 2시간 후, 레이더에 시커먼 물체가 가득 채워졌을 때, 그 감시병은 다시 상부에 긴급히 보고했다.

그러나 골프장에 있던 상관은 '그거 새떼겠지' 하며 또 다시 그 보고를 사소한 일로 여겨 별다른 조치 없이 무심코 지나치고 말았다. 그 후 곧바로 진주만은 일본군의 습격을 당해 미군의 비행기 188대가 전파되었고, 2,434명이 사망했으며, 18대의 군함이 침몰되는 참사를 겪었다. 사소한 일처럼 보이는 전조를 소홀히 여긴 결과였다.

삼풍백화점 참사에도 전조 현상이 있었다. 타이타닉 호의 비극에도 전조 현상이 있었다. 전조를 포착하여 사전에 준비해야 한다.

그러면 종말에 대한 영적 준비는 어떠해야 할까? 예수님은 종말에 대해 말씀하시며 '깨어 있으라'고 하셨다.

초대교회 시절, 수많은 기독교인들이 핍박을 피해 로마 외곽의 지하 동굴로 도피했다. 이곳은 원래 시체를 매장하는 곳이었다. 로마는 장례지를 신성불가침한 곳으로 여겼기 때문에 접근을 꺼렸다. 기독교인들은 300년 동안 이곳에서 생활했다. 이곳이 바로 카타콤이다.

사람들은 카타콤 벽면에 물고기 그림을 새겨 넣었다. 그곳에 물고기를 그려놓은 이유는 무엇일까? 물고기는 잠잘 때도 눈을 감지 않는다. 죽을 때도 눈을 뜨고 죽는다. 이것은 우리 성도들에게 깊은 교훈을 준다. 물고기 *ΙΧΘΥΣ*는 '예수 그리스도는 하나님의 아들이시오 구원자이시다'라는 헬라어 앞 글자를 딴 것이다. 그러나 한편으로 물고기는 자나 깨나 영적으로 깨어 있으라는 메시지였는지도 모른다. 그리스도인은 항상 깨어 있어야 한다.

우리는 성경에 예언된 종말의 전조 현상들을 눈으로 보고 귀로 들으면서 살아가고 있다. 이런 모든 징조가 역사의 겨울을 알리는 찬바람이라고 할 수 있다. 때를 분별할 수 있어야 한다. 찬바람이 불고 있다면 지금이 어떤 때인지를 깨달아야 한다.

영광스러운 죽음

바울의 유언장으로 불리는 디모데후서는 바울이 가장 마지막에 쓴 편지이다. 특히 4장에서 죽음 직전의 바울의 모습을 보게 되는데, 바울의 이야기는 이후 더 이상 성경에 나오지 않는다. 그 대신 우리는 초대 교회사를 통해서 바울의 죽음을 살펴볼 수 있다.

주후 64년, 네로 황제는 로마에 화재가 일어나서 로마의 4분의 1이 소실되자 그 책임을 기독교인들에게 뒤집어씌우며 대학살을 감행했다. 이로 인하여 바울은 67년에 로마에서 참수형을 당했다. 그는 순교하여 오르땡 도로 곁에 매장되었다.

전승에 의하면, 바울이 참수형을 당하여 머리가 땅에 떨어지는 그 순간에 머리가 세 번이나 위로 솟구쳤다. 그의 머리가 솟구치는 장소마다 샘물이 솟아났으며 처음 떨어진 곳에는 뜨거운 물, 두 번째 떨어진 곳에는 따뜻한 물, 그리고 마지막으로 떨어진 장소에는 차가운 물이 흘러 나왔다고 한다. 그 장소를 기념하여 '세 가지 샘물'이 솟는 장소라는 의미를 지닌 '트레 폰타나'(Tre Fontana)라는 이름의 바울 순교 기념교회가 세워졌다.

초대 교회의 교부였던 터툴리안은 "순교자의 피는 교회의 씨앗이다"라고 했다. 그의 말대로 바울을 비롯한 초대 교회 성도들은 고귀한 순교의 피를 흘려 오늘날의 교회를 위한 한 알의 썩어진 밀알이 되었다.

죽기 전에 해야 할 일

1. 바울은 '오직 하나님의 영광을 위하여' 삶을 살았다고 고백한다. 하나님은 우리가 오래 사는 것보다 어떻게 사느냐, 돈을 얼마나 가졌느냐보다 어떻게 사용하느냐에 관심이 있다. 하나님의 영광을 위한다는 면에서 당신의 삶은 어떠한가?
2. 하나님의 부르시는 순간까지 하나님 앞에서 상 받기를 소망하며, 바울과 같이 믿음의 선한 싸움을 싸우고 달려갈 길을 달리고 믿음을 굳게 지키라.

9

요한

– 내세의 증언자

요한은 예수님의 열두 제자 중 한 사람으로, 주님께 가장 사랑받는 제자였다. 그는 성만찬 때 예수님 바로 우편에 앉았다. 겟세마네 동산에서 두려움을 이기지 못하고 도망쳤지만, 어느 사도보다 먼저 예수님께로 다시 돌아왔다. 베드로가 멀리 떨어져서 뒤따르고 있을 때 요한은 용감하게 대제사장의 집 뜰로 들어갔다.

그리스도의 적들이 악의에 찬 독설을 내뿜고 있었을 때 요한은 도망치지 않고 저들의 한가운데 서 있었고, 십자가 밑에서 예수님의 말씀을 직접 듣고 요한복음을 기록했다. 또한 요한 일, 이, 삼서를 기록했고, 성경의 마지막 책인 요한계시록을 기록했다. 요한은 바울

다음으로 많은 신약성경을 썼다.

예수님의 제자 중 유일하게 순교에서 제외된 요한은 밧모 섬에 유배되었다가, 말년에 에베소에 머물면서 그리스도인들 간의 사랑을 증진시키는 일을 하다가 A.D 98년에 세상을 떠났다. 교회사에 의하면, 요한은 말년에 폴리캅, 파피아스, 이그나티우스와 같은 초대 교회의 유명한 교부 세 사람을 자신의 제자로 삼았다고 한다.

그가 남긴 요한계시록은 우리에게 종말의 비밀과 내세, 즉 천국과 지옥을 보여주고 있다. 종말과 내세의 계시자로서 성도들의 죽음 이후의 영광스러운 삶을 환상으로 보고 경험한 그는 죽음을 두려워한 자가 아니라, 오히려 죽음의 날이 다가오기를 간절히 기다렸던 사람이었다.

밧모 섬에서의 요한

로마는 세계 통일을 목표로 삼고 황제의 권력을 절대화하기 위해서 1세기 이전에는 죽은 황제를 숭배하게 했지만, 1세기에는 살아있는 황제를 숭배하게 하고 이를 거부하는 자는 가차 없이 박해하고 처형했다. 황제 숭배가 다른 나라 사람들에게는 통했지만, 유대인에게는 먹혀들지 않았다. 그러자 로마는 세금을 바치고 통일 정책에 순복한다는 조건으로 유대인에게 어느 정도 자유를 주고 총독을 파견하여 감독만 하고 자치 정치를 하게 하였는데, 이것은 성공적이었다.

그러나 유대교에서 나온 기독교의 경우는 그렇지 못했다. 교회가 세워지고 전 세계에 복음이 전파되고 유일신을 신봉하는 신앙과 생활이 전파되기 시작하자 기독교는 로마 정부로부터 가장 미움을 받는 단체가 되고 말았다. 기독교는 특성상 땅 끝까지 복음을 전해야 하고, 환난이나 핍박 중에서라도 전도의 사명을 감당해야 할 사명을 지니고 있던 까닭에 유대교와는 달리 로마 정부와 정면으로 충돌할 수밖에 없었다. 세계 통일의 야망을 가지고 있던 로마 황제들은 이러한 기독교를 두고 볼 수가 없었던 것이다.

바울과 베드로는 로마에서 순교당했다. 그리고 다른 제자들도 흩어져 복음을 전하다가 핍박 받고 순교를 당했다. 그런데 유독 핍박 가운데서도 살아 남은 사람이 있었는데, 그가 바로 요한이었다.

칼리굴라 황제 37~41년, 네로 황제 54~68년에 이어 공포 정치의 정점에 이른 도미티아누스 황제 81~96년은 자신의 명령이 신의 명령이라고 하면서 공문서에 '우리의 주이신 하나님이 다음과 같이 명령하신다'는 문구로 시작했다.

도미티아누스 황제의 치하에서 요한이 당한 핍박에 관한 이야기는 다양하며, 그 사실 여부를 확인하기는 어렵다. 한 전승에 의하면, 한번은 독약을 마시라는 선고를 받고 마셨으나 아무런 고통을 받지 않았다고 한다. 더 신비로운 전승은 그가 죽임을 당하여 무덤에 묻혔으나, 다음 날 무덤에서 일어나 이전처럼 생생하게 활동했다는 것이다.

가장 널리 유포된 한 전승에 의하면, 요한이 로마에 있을 때 그 당시의 모든 그리스도인들이 당한 잔혹한 처형 방법 중의 하나인 끓는 기름 가마솥에 던져졌다고 한다. 이 전승은 '로마 성문 밖의 요한'(St. John before the Latin Gate)으로 알려져 있는데, 요한은 도미티아누스 황제의 명령에 의해 로마로 들어가는 성문 바깥에서 끓는 기름 가마솥에 던져졌던 것이다. 그러나 하나님은 그의 종이 어떠한 고통도 당하지 않도록 보호하셨으며, 펄펄 끓는 기름 가마솥이 생기를 불어넣는 목욕탕으로 바뀌게 함으로써 오히려 그를 강건하게 하셨다. 더욱 생기발랄한 모습을 본 도미티아누스 황제는 그가 마술을 부리고 있다고 여겼으나, 어떠한 극심한 형벌에도 견딜 수 있는 능력을 보고 나서 그의 신앙에 의한 것임을 인정했다.

도미티아누스 황제는 더 이상 요한에게 형벌을 줄 수 없었다. 그래서 그를 밧모 섬으로 추방했다. 에베소에서 멀지 않은 에게 해 복판에 있는 밧모 섬은 당시 정치범들이 주로 유배되는 곳이었고, 거기서 그들은 광산에서 강제노동을 해야 했다. 요한은 어느 광산의 대리석 채석장에서 중노동을 하며 수형생활을 하는 중에 하나님께 종말에 관한 계시를 받고, 핍박 받고 있는 성도들을 위로하고 격려하기 위한 목적으로 요한계시록을 기록하여 소아시아의 일곱 교회에 보냈다.

도미티아누스 황제가 죽은 후에 네르바가 황제가 되었다. 네르바 황제는 사형을 중지시키고 세금을 낮추었으며, 도미티아누스 황제가 유배시켰던 사람들을 석방시켰다. 이 때 요한도 에베소로 돌아올 수 있었다.

요한이 본 천국

오리새끼와 병아리를 동시에 부화시켜 호숫가에 갖다 놓으면 병아리는 물에 관심을 보이지 않지만, 오리새끼는 보자마자 들어가 헤엄을 친다. 왜냐하면 오리는 헤엄치는 본성을 가지고 태어났기 때문이다. 하나님의 형상대로 지음을 받은 영적 존재인 인간에게는 내세에 대한 본능이 있다. 그러나 영적으로 거듭나지 못한 사람들은 막연히 영원한 세계를 그리워할 뿐, 그곳이 구체적으로 어떤 곳이고, 또 어떻게 가야 하는지 모른다.

미국의 유명한 사업가 앤드류 카네기는 내세에 깊은 관심을 가졌던 사람이다. 그는 자신에게 내세의 삶에 대해서 만족스럽게 증명해 주는 사람에게 백만 불의 상급을 주겠다고 했다. 그러나 아무도 그에게 만족할만한 답을 주는 사람이 없었다. 이후 코네티켓 대학의 심리학 교수 케네스 박사, 덴버의 성 누가병원의 순메이커 박사, 정신과 의사인 엘리자베스 퀴블로 등 여러 사람들이 내세에 대한 연구 보고를 했다. 그러나 이런 자료들보다 더 정확한 자료가 있다. 바로 성경이다. 요한은 천국과 지옥을 정확하게 보여주고 있다.

천국은 어떤 곳인가?

성경에서 말하는 천국, 또는 하나님의 나라는 장소의 개념에 앞서 하나님의 통치하시는 영역을 의미한다. 그렇기 때문에 천국은 내세에만 존재하는 것이 아니다. 인간이 타락한 이후, 세상은 사탄이 지배하며 왕 노릇하는 곳이 되었는데, 예수님이 오셔서 이 세상 임금을 쫓아내고 다시 하나님이 통치하는 세상을 만드셨다. 예수님은 "내가 만일 하나님의 손을 힘입어 귀신을 쫓아낸다면 하나님의 나라가 이미 너희에게 임하였느니라"(눅 11:20)고 하셨다. 우리 안에 하나님의 통치가 이루어지면, 마음의 천국이 이루어지는 것이다.

사람들은 교회라 하면 건물을 연상하지만, 성경에서 말하는 교회는 '성도들의 모임'을 의미한다. 그러므로 마음의 천국을 이룬 성도들이 모여 하나님 아버지를 찬양하고 예배하는 교회는 지상의 작은 천국이라고 할 수 있다. 이 세상에서 이루어지는 천국은 눈에 보이지 않는 관념적 천국이다. 하나님은 우리에게 천국을 맛보게 하시고 실제적인 천국, 영원한 나라를 사모하게 하신다.

그러면 우리가 장차 사후에 가게 될 천국은 어떤 곳일까?

미래에 완성될 천국

예수님은 믿는 자들에게 처소를 예비하면 다시 오시겠다고 약속하셨다(요 14:1-3). 하늘나라를 천당이라고 하는데, 집 '당'(堂) 자를 쓴다. 천국은 우리가 들어가 살 집이 있는 곳으로 아직 완성되지 않았다. 예수님은 십자가에서 회개한 강도에게 "내가 진실로 네게 이르노니 오늘 네가 나와 함께 낙원에 있으리라"(눅 23:43)고 하셨다. 아브라함을 비롯한 앞서 간 믿음의 선진들은 천국이 완성되기까지 대기소와 같은 낙원에 머물러 있다.

장차 임할 천국의 거룩한 성 – 새 예루살렘 성은 정사면체의 거대한 건물이다. 하나님의 은혜로 천국을 보았던 사도 요한은 새 예루살렘 성의 규모에 대하여 "그 성은 네모가 반듯하여 길이와 너비가 같은지라 그 갈대 자로 그 성을 측량하니 만 이천 스다디온이요 길이와 너비와 높이가 같더라"(계 21:16)고 했다.

1스다디온이 약 180미터이므로 12,000스다디온은 약 2천여 킬로미터가 된다. 2천여 킬로미터의 정방형이란 실로 웅대한 규모이다. 요한이 언급한 천국의 새 예루살렘 성은 은유적으로 표현되어 있기 때문에 문자적으로 해석하는 데는 무리가 있다. 하지만 분명한 것은 천국은 우리가 상상할 수 없이 크고 넓은 곳이라는 사실이다.

또한 요한은 천국의 아름다움에 대해서 "또 내가 보매 거룩한 성 새 예루살렘이 하나님께로부터 하늘에서 내려오니 그 준비한 것이 신부가 남편을 위하여 단장한 것 같더라"(계 21:2)고 했다.

요한은 장엄하고 황홀한 천국의 새 예루살렘 성의 모습을 인간의 제한된 언어로 가히 표현할 수 없었다. 그렇기 때문에 비유를 사용했다. 예나 지금이나 여자의 일생 중 가장 아름다운 때는 결혼식을 위해 단장할 때이다. 그래서 요한은 새 예루살렘 성의 아름다움을 '신부가 남편을 위하여 단장한 것 같더라'고 표현한 것이다.

요한이 본 천국의 새 예루살렘 성의 모습을 보면, 성곽과 건물이 모두 보석으로 되어 있었고, 열두 문은 모두 진주로 되어 있었고, 길은 맑은 유리 같은 정금으로 깔려 있었다.

> "하나님의 영광이 있어 그 성의 빛이 지극히 귀한 보석 같고 벽옥과 수정 같이 맑더라 …… 그 성의 성곽의 기초석은 각색 보석으로 꾸몄는데 첫째 기초석은 벽옥이요 둘째는 남보석이요 셋째는 옥수요 넷째는 녹보석이요 다섯째는 홍마노요 여섯째는 홍보석이요 일곱째는 황옥이요 여덟째는 녹옥이요 아홉째는 담황옥이요 열째는 비취옥이요 열한째는 청옥이요 열두째는 자수정이라 그 열두 문은 열두 진주니 각 문마다 한 개의 진주로 되어 있고 성의 길은 맑은 유리 같은 정금이더라"(계 21:11, 19-21).

이러한 천국이 우리를 위해 준비되었다는 사실이 놀랍지 않은가? 천국에는 이 세상에 없는 것이 많다. 사망이 없다(계 21:4). 이사야는 "거기는 날 수가 많지 못하여 죽는 어린이와 수한이 차지 못한 노인이 다시는 없을 것이라"(사 65:20)고 했다. 또한 천국에는 애통, 아픔이 없다(계 21:4). 그리고 천국에는 해와 달이 없다(계 21:23). 해보다 더 밝은 하나님의 영광이 늘 비치고 있기 때문이다. 천국에는 밤이 없다(계 21:25). 잠들 필요가 없는 영체들이 살기 때문이다.

천국에는 더러운 것, 속된 것, 가증한 것, 거짓말이 존재하지 않는다. 예수 그리스도의 보혈로 깨끗이 씻음을 받은 사람들만이 온 곳이기 때문이다.

천국으로 들어가는 길

사람들은 막연히 착한 일을 많이 하면 천국에 갈 것이라고 생각한다. 또는 어느 종교이든 잘 믿으면 천국에 들어갈 수 있을 것이라고 생각한다. 천국의 주인이신 예수님은 천국으로 들어가는 길에 대해서 어떻게 말씀하고 있습니까? "내가 곧 길이요 진리요 생명이니 나로 말미암지 않고는 아버지께로 올 자가 없느니라"(요 14:6). 여기서 '길'이라는 말은 많은 길 중의 한 길(a way)이 아니라, 오직 한 길(The way)을 말한다.

하나님께서는 구원을 얻을 만한 다른 이름을 우리에게 주시지 않으셨다(행 4:12). 오직 예수님만이 천국에 이르는 유일한 길이다. 예수님은 지금 믿는 자들을 위해 처소를 예비하고 계신다. 이 세상에서 잠시 나그네로 살아가는 동안 육신의 집이 마련되어도 든든하고 안심이 되지 않는가? 그런데 성도들에게는 천상에 영원한 처소가 준비되어 있으니 이 얼마나 놀라운 은혜인가?

누구나 마찬가지지만, 특히 노년기에 접어든 성도들은 영원한 처소가 예비되었음을 기뻐하며 살아야 한다. 비록 이 땅에 발을 붙이고 살고 있지만, 우리는 하나님 나라의 시민권자이다. 우리가 머지않아 돌아갈 영원한 본향을 사모한다면 마땅히 여생을 죽음 너머의 삶을 준비하는 삶으로 살아야 한다.

아브라함 헤쉘은 "노인들에게는 취미만이 아니라 환상이 요구된다. 노인들에게는 기억만이 아니라 꿈이 요구된다"고 말했다. 죽음은 잠의 연장이다. 예수 그리스도로 말미암아 영원한 세계가 보장되어 있음을 믿는 성도들에게 죽음 너머의 세계는 가슴 설레는 꿈과 환상의 세계이다.

요한이 본 지옥

어느 극장에 코미디를 구경하려고 많은 사람들이 모였는데, 그만 화재가 났다. 그 때 코미디언이 나와서 침착하게 말했다.

"여러분, 지금 이 극장에 화재가 발생했으니 빨리 질서 있게 나가 주십시오."

그러자 청중들은 박수를 치면서 참 잘 웃긴다고 즐거워했다.

그러자 코미디언이 다시 나와서 심각하게 말했다.

"아니 여러분, 정말 이 극장에 불이 났으니 빨리 나가셔야 합니다."

그러나 사람들은 여전히 웃기는 말로만 듣고 좋아하다가 많은 사람이 불에 타 죽었다고 한다.

19세기 말 불가지론자로 유명했던 로버트 잉거솔은 지옥에 대한 강연을 하면서 "지옥이란 순진한 사람들에게 잔뜩 겁을 주기 위해 교활한 신학자들이 만들어 낸 환상에 지나지 않는다"고 했다.

오늘날도 교회 안팎에서 많은 사람들이 지옥 교리를 시대에 뒤떨어진 것으로 여기고 있다. 지옥이 없다고 주장한다고 해서 지옥이 없어지는 것이 아니다. 지옥이 없다고 주장하는 것은 지옥이 없기를 바라는 것뿐이다. 맹인이 보이지 않는다고 이 세상이 없다고 말한다면, 그것이 과연 옳은 말이겠는가?

불과 유황 못

천국이 아직 완전히 이루어지지 않은 것처럼, 지옥도 아직 완성되지 않았다. 세상을 떠난 악한 자들은 지옥과 방불한 대기소인 음부에 머물러 있다. 요한은 지옥에 대해서 이렇게 언급한다.

> "또 그들을 미혹하는 마귀가 불과 유황 못에 던져지니 거기는 그 짐승과 거짓 선지자도 있어 세세토록 밤낮 괴로움을 받으리라"(계 20:10).

본래 지옥은 마귀를 가두기 위해서 만든 곳이지, 사람들을 위해 만든 곳은 아니다(마 25:41). 하나님은 사랑이시기 때문에 한 사람도 멸망하지 않고 다 구원받기를 원하신다. 그렇기 때문에 오래 참고 기다리신다(벧후 3:9). 지옥에 가는 사람은 마귀에게 속하여 마귀와 함께 가는 것이다.

지옥은 유황이 타는 불못이다. 예수님도 지옥에 대하여 "거기에서는 구더기도 죽지 않고 불도 꺼지지 아니하느니라"(막 9:48)고 말씀하셨다. 음부에 간 부자는 불꽃 속에서 목이 타 물 한 모금만 달라고 애원했다(눅 16:24). 그러나 단 한 방울의 물도 얻을 수 없었다. 지옥에 간 사람도 변화된 육체를 가지고 있기 때문에 육체의 고통을 당한다. 이 세상에서는 육체가 고통스러울 때 죽음으로써 그 고통에서 도피할 수 있다. 그러나 지옥에서는 죽으려 해도 죽을 수가 없다. 영원히 살아서 끝없이 고통을 받게 된다.

지옥에는 육체적 고통만 있는 것이 아니다. 덤비는 구더기, 아무리 소리 질러 외쳐도 들어줄 사람이 없는 고독, 극심한 고통을 당하여도 끝이 없는 절망, 이 모든 것들이 미치게 만들지만 미쳐지지도 않는 곳이 지옥이다.

성경에서 지옥을 표현하는 말로써 불 외에 어두움이 있다(마 8:12). 지옥은 어두운 곳이다. 어두움이란 하나님의 은혜와 사랑에서 제외된 것을 말한다. 지옥은 영원토록 하나님의 은총에서 분리된 곳이다. 그렇기 때문에 예수님은 단호하게 말씀하셨다.

> "만일 네 오른 눈이 너로 실족하게 하거든 빼어 내버리라 네 백체 중 하나가 없어지고 온 몸이 지옥에 던져지지 않는 것이 유익하며 또한 만일 네 오른손이 너로 실족하게 하거든 찍어 내버리라 네 백체 중 하나가 없어지고 온 몸이 지옥에 던져지지 않는 것이

유익하니라"(마 5:29-30).

지옥의 고통을 상상해 보라. 지옥이 얼마나 무서운 곳이면 불구자로 천국에 가는 것이 온 몸이 다 지옥에 던져지는 것보다 더 유익하다고 하였겠는가?

불못에 던져지는 자

지옥에 갈 사람을 한마디로 말하자면 악인인데, 사람들이 생각하는 악인의 개념과 하나님의 관점이 다르다. 하나님 보시기에는 모든 사람이 죄인이다. 그렇기 때문에 의인은 죄를 안 지은 자가 아니라, 하나님께 은혜를 구하고 매달리는 자이다. 반면에, 악인은 하나님의 은혜를 거절한 사람이다. 또한 악인은 천국을 소망하지 아니하고 육신의 정욕과 안목의 정욕과 이생의 자랑을 좇아 사는 자이다. 회개가 없는 자이고, 각종 악을 도모하는 자이다.

요한은 지옥에 가게 될 자들에 대해 "누구든지 생명책에 기록되지 못한 자는 불못에 던져지더라"(계 20:15)라고 말씀하고 있다. 생명책에 기록된 자는 천국에 가고, 생명책에 기록되지 못한 자는 지옥에 가게 된다. 요한은 생명책에 기록되지 못한 자들에 대하여 구체적으로 설명하고 있다.

"두려워하는 자들과 믿지 아니하는 자들과 흉악한 자들과 살인자들과 음행하는 자들과 점술가들과 우상 숭배자들과 거짓말하는 모든 자들은 불과 유황으로 타는 못에 던져지리니 이것이 둘째 사망이라"(계 21:8).

천국에는 악이 전혀 없다. 그러므로 모든 종류의 악은 악의 처리장인 지옥으로 모이는 것이다. 지옥은 악한 자들이 모여서 고통을 당하는 곳이다.

둘째 사망을 피하는 길

일본의 성서학자 우찌무라 간조(內村鑑三)는 말하기를 "가난은 서럽다. 불치병은 더 서럽다. 지옥은 더 더욱 서럽다"고 했다. 군대에는 제대가 있고, 학교에는 졸업이 있고, 잘못된 결혼에는 이혼이 있다. 그러나 지옥에는 제대도 없고, 졸업도 없고, 이혼도 없다. 영원한 곳이다.

요한은 지옥에 들어가는 것을 둘째 사망이라고 했다.

그러면 어떻게 둘째 사망을 피할 수 있을까? 둘째 사망을 경험하지 않으려면 다시 태어나야 한다. 다시 말해서, 예수 그리스도를 구주로 믿고 죄를 회개함으로써 영으로 거듭나야 한다(요 3:6). 거듭나야만 땅과 하늘, 삶과 죽음, 시간과 영원 세계를 관통하는 법칙을 이해할 수 있고, 캄캄하던 영의 세계가 밝게 드러나고, 이 세상 것들로부터 벗어나 영원한 세계에 참여할 수 있게 된다.

1945년 8월 6일, 일본 히로시마에 원자탄이 투하되었다. 이에 앞서 미국에서는 미리 피신하라는 경고 전단을 떨어뜨렸다. 그러나 대부분의 사람들이 믿지 않았다. "미국 놈들이 지게 되니까 공갈치네", "30만 명을 죽이는 폭탄이 어디 있어" 하면서 경고를 무시했다.

8월 6일이 되자 서쪽에서 비행기가 나타나 원자탄을 투하했다.

"꽝! 번쩍!" 하는 굉음과 함께 3초 동안에 30만 명이 거의 다 죽고 도망간 극소수의 사람만이 살아남았다. 어떤 사람은 갈까 말까 망설이다가 "에이, 두고 보자"고 하다가 죽고 말았다.

왜 이런 비극이 일어났을까? 경고의 말을 듣지 않았기 때문이다.

주 예수여, 오시옵소서!

핍박의 시대를 살았던 요한은 항상 순교를 각오하고 죽음을 의식하는 삶을 살았다. 그가 환상을 통해서 경험한 천국과 지옥은 그의 신앙을 굳건하게 했고, 영생의 소망은 죽음 앞에서 두려워 떨지 않게 했다. 하나님께서는 요한 뿐 아니라, 핍박 가운데 있는 초대 교회 성도들에게 위로와 격려를 주기 위해서 요한을 통해 악인은 멸망을 당하고, 의인은 영생을 얻고 천국에서 살게 된다는 소망을 보여주셨다. 소망이 있으면 인내할 수 있다.

이 일에 쓰임을 받은 요한의 죽음 준비는 그 누구보다 완벽했다. 우리는 요한계시록의 마지막에서 그의 신앙고백을 통해서 그의 준비된 모습을 볼 수 있다.

“이것들을 증언하신 이가 이르시되 내가 진실로 속히 오리라 하시거늘 아멘 주 예수여 오시옵소서”(계 22:20).

여기서 ‘오리라’는 말씀은 현재형으로 벌써 그 동작이 시작된 것을 뜻한다. 주의 재림은 미래의 사건이고, 돌연적으로 성취될 사건이겠으나, 그 동작은 이미 시작되었고 진행 중에 있는 것이다. ‘내가 진실로 속히 오리라’는 예수님의 말씀에 요한은 ‘아멘 주 예수여 오시옵소서’라고 응답하고 있다. 이 말은 아람어로 ‘마라나타’로서 초대 교회 성도들의 예배의식에서 사용되었고, 이것은 그들의 신앙의 요약이었다.

초대 교회 성도들의 신앙의 발자취를 따라서 소아시아 성지 순례를 갔을 때 갑바도기아 동굴 교회를 들린 적이 있었다. 갑바도기아는 초기 기독교인들의 거주지였다(벧전 1:1). 카타콤과 마찬가지로, 동굴 교회 역시 지하 20층에 이르는 거대한 삶의 처소가 만들어져 있었다. 곳곳에 마련된 예배 처소를 살펴보면서 비록 지하 도시에 살면서도 소망을 잃지 않고 감격 속에서 예배드리던 옛 성도들의 뜨거운 신앙을 느껴보았다. 초대 교회 성도들은 지하 무덤 카타콤에서, 또는 동굴 교회에서 그리스도의 재림의 임박함을 느끼면서 요한과 같이 ‘마라나타’라고 소망을 고백하며 모든 핍박을 이겨냈다.

‘아멘 주 예수여 오시옵소서’라는 고백은 시대와 상관없이, 핍박 여부와 상관없이 오늘날 우리들에게도 신앙의 요약이요 핵심이 되어야 한다. 주님께서 ‘내가 진실로 속히 오리라’고 말씀하고 계신다.

과연 우리는 얼마나 준비되어 있는가?

당신은 지금 이 순간 '아멘 주 예수여 오시옵소서'라고 응답할 수 있는가?

요한의 유언

예수님께 가장 사랑을 받았던 요한은 사도 중에서 가장 오래 살았다. 그는 너무도 오랫동안 살아서 고독했다. 그는 먼저 세상을 떠난 사랑하는 모든 사람들을 보고 싶어 했고, 속히 세상을 벗어나 그들을 만나보고 싶어 했다. 요한의 죽음에 대해서는 성경에 언급되어 있지 않다. 교회사 전승에 의하면, 그의 나이가 거의 100살에 이르러 기운이 쇠잔해진 어느 주일예배 때 그는 제자들에게 "그리스도의 자녀들이여, 서로 사랑하라"는 유언을 남겼다고 전해지고 있다.

본래 요한은 사랑이 많은 사람이 아니었다. 다소 마음이 좁고, 화를 잘 내는 사람이었다. 오죽했으면 '우뢰의 아들'이라고 했겠는가? 그러나 그는 사랑의 주님과 함께 있으면서 그 성품이 변하여 '사랑의 사도'라는 말까지 듣게 되었다. 예수님이 어머니 마리아를 요한에게 부탁한 것도 그가 사랑의 사람이었기 때문이었다.

실제로 요한은 에베소 감독으로 있으면서 예수님의 어머니 마리아를 모셨다. 심리 상담학자들은 요한이 사랑을 듬뿍 받은 사람이었기 때문에 남에게도 넉넉한 사랑을 줄 수 있었다고 말한다. 그는 영생 복락에 대한 기대를 가지고 말년을 평안히 보내다가 죽었으며, 그의 시신은 에베소에 매장된 것으로 전해지고 있다.

죽기 전에 해야 할 일

1. 원래 속 좁고 화 잘 내던 요한이 '사랑의 사도'라는 말을 들을 정도로 변화됐듯이 당신도 오늘 하루 주 안에서 변화되는 삶을 살 수 있게 해달라고 기도해보라. 그리스도 안에 있으면 새로운 피조물이 된다.
2. 노년기에 접어든 성도들은 곧 머지않아 '나를 위해 영원한 처소가 하늘에 예비되어 있음'을 확신하면서 죽음 너머의 삶이 영생 복락의 삶이라는 기대를 가지고 매일 기쁨과 평안함으로 살아보라.

죽음을 아름답게

어떤 한 사람이 무덤가에 서서 묘비를 보는데, 그 묘비에 “나도 전에는 당신처럼 그 자리에 그렇게 서 있었소!”라고 적혀 있었다. 그 사람은 픽하고 웃었다.

두 번째 줄에는 “나도 전에는 당신처럼 그곳에 서서 그렇게 웃고 있었소!”라고 적혀 있었다.

그러자 이 사람이 뭔가 진지해져서 세 번째 줄을 읽었다.

“이제 당신도 나처럼 죽을 준비나 하시오!”

머지않아 우리 모두는 주님을 만나게 될 것이다. 주님께서 오시든지, 우리가 죽어 주님 앞에 가든지 어쨌든 만나게 될 것이다. 세월은 쏜살과 같다. 냉정한 세월은 우리를 기다려주지 않고 자꾸 날아간다. 우리는 어떻게 살아야 할까? 어떻게 죽을 준비를 해야 할까?

안토니 캠폴로 박사가 95세 이상의 50명을 대상으로 질문했다.

"만일 인생을 다시 살 수 있다면 무엇을 바꾸겠는가?"

사람들의 답변은 매우 다양했으나, 세 가지 내용이 계속 반복되는 것을 발견할 수 있었다.

만일 인생을 다시 살게 된다면, 첫째, 좀 더 심사숙고하는 삶을 살고 싶다. 둘째, 좀 더 모험적인 삶을 살고 싶다. 셋째, 내가 죽은 후에도 계속 될 일들을 더 많이 하고 싶다는 것이었다.

너무 늦으면 깨달음도 큰 의미가 없다. 그 시기가 10대 때라면 가장 좋고, 늦어도 20대 초반에 어떻게 살아야 할 것인가에 대한 자각이 있어야 한다. 그 역할을 해 줄 수 있는 것이 죽음에 대한 인식과 깊은 묵상이다. 그래서 성경에서는 "초상집에 가는 것이 잔칫집에 가는 것보다 나으니 모든 사람의 끝이 이와 같이 됨이라 산 자는 이것을 그의 마음에 둘지어다"(전 7:2)라고 말씀하고 있다.

우리는 하고 싶은 모든 것을 다 할 수 없는 한정된 인생을 살고 있다. 그렇기 때문에 인생은 선택하며 사는 것이고, 올바른 선택을 위해서 평소에 삶의 우선순위를 정하고 사는 것이 필요하다. 죽음에 대한 성찰은 삶의 작은 흐름들을 걸러주고, 인생의 큰 흐름을 잡아주는 역할을 해준다.

죽음을 생각하는 일은 곧 삶을 생각하는 것이다. 어떻게 죽을 것인가를 생각하는 사람이라면 그의 삶은 빛날 것이다. 이런 차원에서 죽음을 준비하는 일은 노인들에게만 해당되는 것이 아니고, 젊은이들에게도 의미 있는 삶을 위해 절대적으로 필요하다.

이 책에서 다룬 주인공들은 각자 다른 상황에서 파란만장한 인생을 살았지만, 그들에게서 몇 가지 공통점을 발견할 수 있다. 그것은 그들이 영원한 본향을 바라보며 나그네의 삶을 살았다는 점이고, 하나님과 함께 하는 삶, 또한 믿음과 소망과 사랑으로 산다는 것이 무엇인가를 분명하게 보여주었다는 점이다.

아울러 그들은 어떻게 죽을 것인가에 대해서도 모범을 보여주었다. 그들의 죽음은 세상의 욕망에 사로잡혀 조금이라도 더 살기 위해 발버둥치다가 억지로 죽어가는 악인의 죽음과는 달랐다. 영생의 소망이 있었기에 죽음을 두려워하지 않았고, 죽음을 기꺼이 받아들였고, 죽음을 아름답게 하였다. 그리고 죽기 전에 자신의 할 일을 완수하고 하나님의 부르심을 받았다.

아브라함은 죽기 전에 이삭과 다른 아들 간의 분쟁을 생전에 해결하고 떠났다. 이삭과 야곱은 죽기 전에 아들들에게 축복하고 떠났다. 모세는 이스라엘 백성들에게 세 차례의 고별 설교를 통해 이스라엘 백성들의 나아갈 바를 밝히고 떠났다. 여호수아 역시 모세를 본받아 이스라엘 백성들의 신앙을 지도했고, 다윗도 죽기 전 솔로몬에게 신앙의 교훈을 남기고 떠났다.

바울과 요한은 사명을 위하여 목숨을 아끼지 아니했고, 복음 전도를 위해서 순교와 고난을 감수함으로써 우리 인생의 우선순위가 무엇인지, 또한 무엇이 목숨보다 더 소중한 것인가를 가르쳐주었다.

예수님은 이 책의 주인공 중의 주인공이시다. 예수님은 살기 위해서가 아니라 죽기 위해서 사셨고, 십자가에서 '다 이루었다'라고 말씀하셨다. 사랑으로 자신을 희생하여 온 인류를 구원하신 예수님의 죽음은 우리 모두가 본받아야 할 웰다잉의 최고봉이다.

우리는 '죽음을 준비한 사람들'을 통해 삶과 죽음의 의미를 깨닫고 늘 죽음을 생각하며 살아야 한다. 그러면 그만큼 우리는 주어진 날들을 아끼며 소중하고 가치 있게 살 수 있게 된다.

이제는 답할 수 있어야 할 것이다.

당신은 왜 이 세상에 태어났다고 생각하는가?

당신이 생각하는 생의 의미와 목적은 무엇인가?

당신은 이 세상을 사는 동안 무엇을 하다가 어떻게 생을 마감하고자 하는가?

웰다잉은 삶의 완성이다. 다른 사람들에게 선물이 될 수 있는 아름다운 마무리, 웰다잉을 위하여 우리는 최선을 다해 살아야 한다. 우리에게 주어진 날들을 하루하루 마지막처럼 살아감으로써 후회 없는 인생의 매듭들이 지어지기를 소망한다.

참고 도서

1. 국내 서적

- 강준민. 「잡초 같은 인생에 베푸시는 하나님의 은혜」, 두란노, 2001.
- 김양재. 「날마다 살아나는 큐티」, 두란노, 2007.
- 김영곤. 「내가 매일 기쁘게」, 보이스사, 1979.
- 김희보. 「구약신학논고」, 기독교문서선교회, 1982.
- 뮤동학. 「성경에서 나를 만나다」, 두란노, 2003.
- 안도현. 「죽음, 아름다운 은총」, 예영케뮤니케이션, 2002.
  「우울증, 죽음으로 향하는 다리」, 예영커뮤니케이션, 2003.
  「웰빙 크리스천」, 예영커뮤니케이션, 2004.
  「믿음의 길을 찾아서」, 도서출판 해븐, 2005.
  「웰다잉, 영원한 소망」, 도서출판 해븐, 2006.
- 안재은. 「훈련받는 제자 일하는 제자」, 예루살렘, 2005.
- 염성철. 「미국 대통령의 신앙과 리더십」, 생명의 말씀사. 2007.

2. 영어 번역 서적

- Berdyaev Nikolai. 「노예냐 자유냐」, 이신 역, 도서출판 인간, 1979.
- Blackaby Henry T., Blackaby Richard. Spiritual Leadership, 「영적 리더십」, 윤종석 역, 두란노, 2002.
- Epp Theodore H. The God of Abraham, 「복의 근원이 된 사람 아브라함」, 고광자 역, 바울서신사, 1988.
- ____________. The God of Isaac-The God of Jacob, 「하나님의 언약을 계승한 사람들 이삭 · 야곱」, 고광자 · 정창균 역, 바울서신사, 1988.
- ____________. Excellence in Leadership Vol. Ⅲ, 「위대한 영도자인 하나님의 사람 모세(하)」, 고광자 역, 바울서신사, 1988.
- ____________. Joshua Victorious by Faith, 「믿음으로 승리한 사람 여호수아」, 고광자 역, 바울서신사, 1988.

- ___________. David aman after the heart of God,「하나님의 마음에 합한 사람 다윗」, 고광자 역, 바울서신사, 1988.
- Farrar Steave. Gettin' There: How a man finds his way on the trail of life,「남자 다윗」, 김창동 역, 도서출판 디모데, 2005.
- Flynn Leslie B. The Twelve,「열두 제자의 재조명」, 이영승 역, 나침반사, 1990.
- Josepus. Josepus,「요세푸스 제1권」, 김지찬 역, 생명의 말씀사, 1987.
- Graham Billy. Death and the life after,「그리스도인의 죽음과 천국의 소망」, 이헌근 역, 순출판사, 1999.
- Hybels Bill. Courageous Leadership,「리더십의 용기」, 양준희 역, 두란노, 2003.
- Lockyer Herbert. All The Apostles of The Bible,「사도」, 번역위원회, 로고스, 1982.
- Pamphilus Eusebius. The Ecclesiatical History,「유세비우스의 교회사」, 엄성옥 역, 은성, 1990.
- Stott John R. W. The Cross of Christ,「그리스도의 십자가」, 정옥배 역, 도서출판 IVP, 1989.
- Strobel Lee. The Case for Christ,「예수 사건」, 윤관희 · 박중렬 역, 두란노, 2000.
- Macartney Clarence Edward. Preaching Without Note,「원고 없는 설교」, 박세환 역, 개혁주의신행협회, 1998.
- Maxwell John C. Running with the Giants,「거인들의 인생 법칙」, 두란노, 2003.
- ___________. Developing The Leader Within You,「당신 안에 잠재된 리더십을 키우라」, 강준민 역, 두란노, 1997.
- Meyer Paul J. Unlocking Your Legacy,「성공을 유산으로 남기는 법」, 최종옥, 곽정미 역, 두란노, 2003.
- Moore Beth. A Heart like His,「시인과 전사」, 박혜경 역, 두란노, 2002.

3. 기타 번역 서적

- 傳偉勳.「죽음, 그 마지막 성장」, 전병술 역, 청계, 2001.